Deus como problema filosófico na Idade Média

inter
saberes

Deus como problema filosófico na Idade Média

2ª edição

Tiago Eurico de Lacerda

inter saberes

Rua Clara Vendramin, 58 . Mossunguê
CEP 81200-170 . Curitiba . PR . Brasil
Fone: (41) 2106-4170
www.intersaberes.com
editora@intersaberes.com

Conselho editorial
Dr. Alexandre Coutinho Pagliarini
Drª Elena Godoy
Dr. Neri dos Santos
Mª Maria Lúcia Prado Sabatella

Editora-chefe
Lindsay Azambuja

Gerente editorial
Ariadne Nunes Wenger

Assistente editorial
Daniela Viroli Pereira Pinto

Edição de texto
Monique Francis Fagundes Gonçalves

Capa
Mayra Yoshizawa (*design*)
Charles L. da Silva (adaptação)
Swen Stroop/Shutterstock (imagem)

Projeto gráfico
Bruno Palma e Silva

Diagramação
Estúdio Nótua

Equipe de design
Sílvio Gabriel Spannenberg

Iconografia
Regina Claudia Cruz Prestes

Dados Internacionais de Catalogação na Publicação (CIP)
(Câmara Brasileira do Livro, SP, Brasil)

Lacerda, Tiago Eurico de
   Deus como problema filosófico na idade média / Tiago Eurico de Lacerda. -- 2. ed. -- Curitiba, PR : Editora Intersaberes, 2023. -- (Série estudos de filosofia)

   Bibliografia.
   ISBN 978-85-227-0664-8

   1. Deus 2. Filosofia – História 3. Filosofia e religião 4. Filosofia medieval I. Título. II. Série.

23-152456   CDD-189

Índices para catálogo sistemático:
1. Filosofia medieval   189
Eliane de Freitas Leite – Bibliotecária – CRB 8/8415

1ª edição, 2018.
2ª edição, 2023.

Foi feito o depósito legal.

Informamos que é de inteira responsabilidade do autor a emissão de conceitos.

Nenhuma parte desta publicação poderá ser reproduzida por qualquer meio ou forma sem a prévia autorização da Editora InterSaberes.

A violação dos direitos autorais é crime estabelecido na Lei n. 9.610/1998 e punido pelo art. 184 do Código Penal.

sumário

apresentação, xi
organização didático-pedagógica, xv

1

O *mistério trinitário*, 20
   1.1 Tratado sobre a Trindade, 22
   1.2 A unidade divina: três deuses e uma única substância, 29
   1.3 Buscando a Deus por meio da filosofia, 36
   1.4 O homem, o pecado e a providência divina – livre-arbítrio, 42

2 Santo Agostinho e a busca pela verdade, 58
2.1 A obra *A cidade de Deus*, 60
2.2 Combate às heresias, 65
2.3 A conversão de Agostinho, 70
2.4 A obra *Confissões*, 75

3 A felicidade humana, 86
3.1 A consolação pela filosofia, 88
3.2 A nutriz filosofia, 94
3.3 O problema do mal, 98
3.4 A felicidade, 101

4 A manifestação de Deus, 112
4.1 A divisão da natureza, 114
4.2 Deus: Incriado e Criador, 118
4.3 A sabedoria de Deus, 122
4.4 O papel do homem e a epopeia do retorno, 126

5 A filosofia como linguagem da verdade, 136
5.1 A obra *Sic et non*, de Abelardo, 138
5.2 Interpretação filosófica e hermenêutica em busca de clareza, 144
5.3 O valor da linguagem, 150
5.4 Questões sobre a verdade em São Tomás de Aquino, 153

6 O *Príncipe da Escolástica*, 166
   6.1 A obra *Suma Teológica*, de São Tomás de Aquino, 168
   6.2 A filosofia como instrumento do saber teológico, 179
   6.3 A questão da alma, 184
   6.4 O mal como um não-ser, 190
   6.5 A significação de ente e de essência, 194

considerações finais, 207
lista de siglas, 211
referências, 213
bibliografia comentada, 223
respostas, 233
sobre o autor, 245

"A vontade de verdade, que ainda nos fará correr não poucos riscos, a célebre veracidade que até agora todos os filósofos reverenciaram: que questões essa vontade de verdade já não nos colocou! [...] Estranhas, graves, discutíveis questões! Trata-se de uma longa história – mas não é como se apenas começasse? Que surpresa, se por fim nos tornamos desconfiados, perdemos a paciência, e impacientes nos afastamos? Se, com essa esfinge, também nós aprendemos a questionar? Quem, realmente, nos coloca questões? O que, em nós, aspira realmente 'à verdade'?."
Nietzsche

apresentação

Buscar *a verdade* nos retira de nosso comodismo e nos proporciona novas aventuras. Adentramos questões que nos impelem a novos olhares, deixando-nos desconfiados ou distantes, até que aprendemos a separar o objeto de nosso estudo da nossa própria vida pessoal. A verdade é um processo a ser construído paulatinamente, por meio de muitas discussões e leituras, e mesmo que cheguemos a um ponto estratégico a respeito dela, não devemos lançar nossa âncora e ficar presos a uma visão de mundo enquanto percebemos a grandiosidade do oceano em que navegamos.

Na busca pela verdade, encontramos caminhos que nos remetem ao divino. Vários filósofos trataram desse assunto de diferentes maneiras: alguns ratificando a existência de Deus dentro de um sistema filosófico, como é o caso de Descartes e Kant; outros, como Kierkegaard, para consolar àqueles que, angustiados e seguidores de Cristo, buscam compreender sua própria existência de forma autêntica em relação a Deus.

Há também aqueles que, como Sartre, veem na negação de Deus a condição para a construção de seu próprio sistema filosófico, ou, ainda, os que não possuem pretensão alguma de elaborar um sistema, mas se dedicam à negação de qualquer divindade, como é o caso de Nietzsche.

Diante do desafio de discutir a questão de Deus, da verdade e da filosofia, neste livro apresentamos tópicos especiais de obras de alguns importantes autores da filosofia medieval que abordam a questão de Deus como um problema filosófico, como Santo Agostinho, João Escoto de Erígena, Boécio, Pedro Abelardo e São Tomás de Aquino. Com isso, nosso objetivo é proporcionar a você um material capaz de contribuir com sua jornada formativa e filosófica.

Para isso, ao longo do livro, articulamos os principais conceitos dos referidos filósofos e de suas obras com o contexto atual, utilizando comentadores cuidadosamente escolhidos. É importante ressaltar que esta obra não tem a pretensão, em absoluto, de esgotar a discussão, mas de servir como uma espécie de bússola para aqueles que desejarem refletir sobre o tema.

Cada um dos seis capítulos em que esta obra se divide apresenta análises de cunho teórico e citações dos próprios filósofos discutidos e de seus mais renomados comentadores.

No Capítulo 1, intitulado "O mistério da Trindade", apresentamos, a partir de algumas obras e ideias de Santo Agostinho, o desafio de pensar a questão de Deus pelo ideário católico, ou seja, como sendo único e, ao mesmo tempo, três. Agostinho contribuiu muito para esse tema, e chegou a dizer que Deus Trindade está tanto no intelecto quanto no mundo, como criador de tudo o que existe.

É ainda Santo Agostinho quem nos acompanha no Capítulo 2, em que é abordada a questão da busca da verdade. A obra que guia o capítulo é *A cidade de Deus*, em que Agostinho combate, de forma firme e incisiva, as heresias e blasfêmias nos cultos aos deuses no período da invasão de Roma pelos godos.

No Capítulo 3, intitulado "A felicidade humana", apresentamos as ideias de Boécio a partir de sua obra *A consolação da filosofia*. Essa obra é escrita em prosa, e mostra um diálogo com a Senhora Filosofia, uma musa que visita o autor na prisão, consolando-o de seus infortúnios até que ele possa compreender a verdadeira felicidade. Finalizamos o capítulo abordando a questão do mal e a interpretação de Boécio sobre o tema.

No Capítulo 4, apresentamos a obra *De divisione naturae*, de João Escoto de Erígena. No início dela, o autor organiza suas ideias a respeito da natureza. São abordadas também a epopeia do retorno e o papel do ser humano diante da teofania.

Abordando a filosofia como linguagem da verdade, no Capítulo 5 discutimos a necessidade de comunicação e compreensão e os meios para que essa relação ocorra com eficiência. Perpassamos o problema da interpretação hermenêutica até chegar à obra *Sic et Non*, de Pedro Abelardo. Esse filósofo, um dos mais importantes do século XII, desde cedo se interessou pela dialética e pode ser considerado um precursor da escolástica, inspirando importantes pensadores, como São Tomás de Aquino.

O Capítulo 6 encerra o livro com as reflexões de São Tomás de Aquino. Apresentamos nele a *Suma Teológica*, uma união da doutrina católica com a filosofia de Aristóteles em que percebemos a mescla equilibrada de fé e razão para apresentar a doutrina cristã. É na Parte I da *Suma Teológica* que Tomás de Aquino apresenta as evidências para demonstrar que podemos conhecer a Deus.

São Tomás de Aquino é autor de várias outras obras que são mencionadas no decorrer do Capítulo 6 para tratarmos de temas como a alma, a questão da essência e o problema do mal como um não-ser. Essas e outras problemáticas serão apontadas no decorrer do texto para proporcionar uma leitura profícua e formativa tanto aos estudantes de Filosofia quanto a outros interessados nos tópicos aqui selecionados.

Esperamos, assim, que a presente obra contribua para suas investigações e indagações e para a construção de um espírito mais crítico e reflexivo, capaz de dialogar com as diferenças e as riquezas que constituem o exercício filosófico.

Boa leitura!

organização
didático-pedagógica

Esta seção tem a finalidade de apresentar os recursos de aprendizagem utilizados no decorrer da obra, de modo a evidenciar os aspectos didático-pedagógicos que nortearam o planejamento do material e como o aluno/leitor pode tirar o melhor proveito dos conteúdos para seu aprendizado.

Introdução do capítulo

Logo na abertura do capítulo, você é informado a respeito dos conteúdos que nele serão abordados, bem como dos objetivos que o autor pretende alcançar.

Síntese

Você conta, nesta seção, com um recurso que o instigará a fazer uma reflexão sobre os conteúdos estudados, de modo a contribuir para que as conclusões a que você chegou sejam reafirmadas ou redefinidas.

Indicações culturais

Ao final do capítulo, os autores oferece algumas indicações de livros, filmes ou sites que podem ajudá-lo a refletir sobre os conteúdos estudados e permitir o aprofundamento em seu processo de aprendizagem.

Atividades de autoavaliação

Com estas questões objetivas, você tem a oportunidade de verificar o grau de assimilação dos conceitos examinados, motivando-se a progredir em seus estudos e a se preparar para outras atividades avaliativas.

Atividades de aprendizagem

Aqui você dispõe de questões cujo objetivo é levá-lo a analisar criticamente determinado assunto e aproximar conhecimentos teóricos e práticos.

Bibliografia comentada

Nesta seção, você encontra comentários acerca de algumas obras de referência para o estudo dos temas examinados.

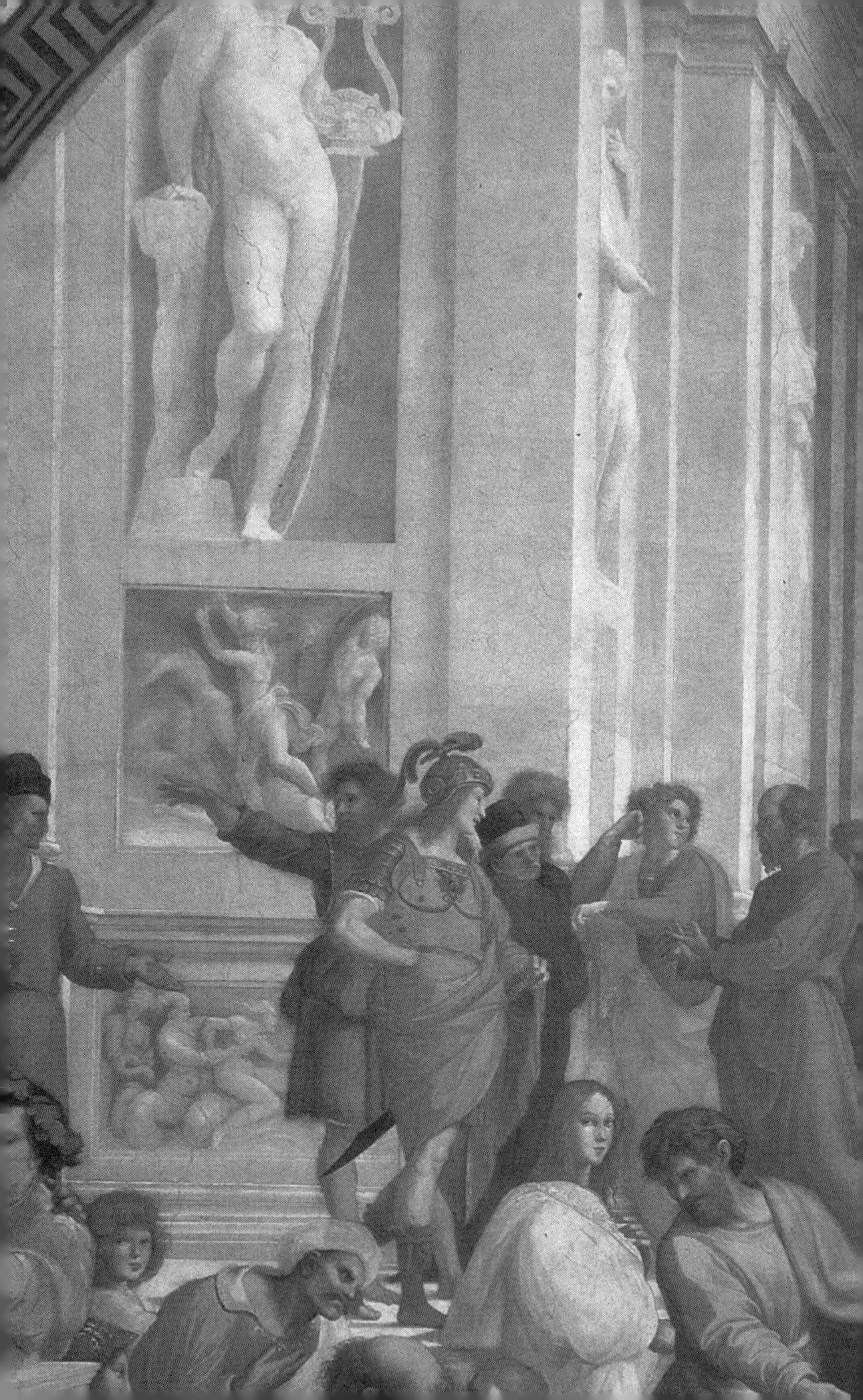

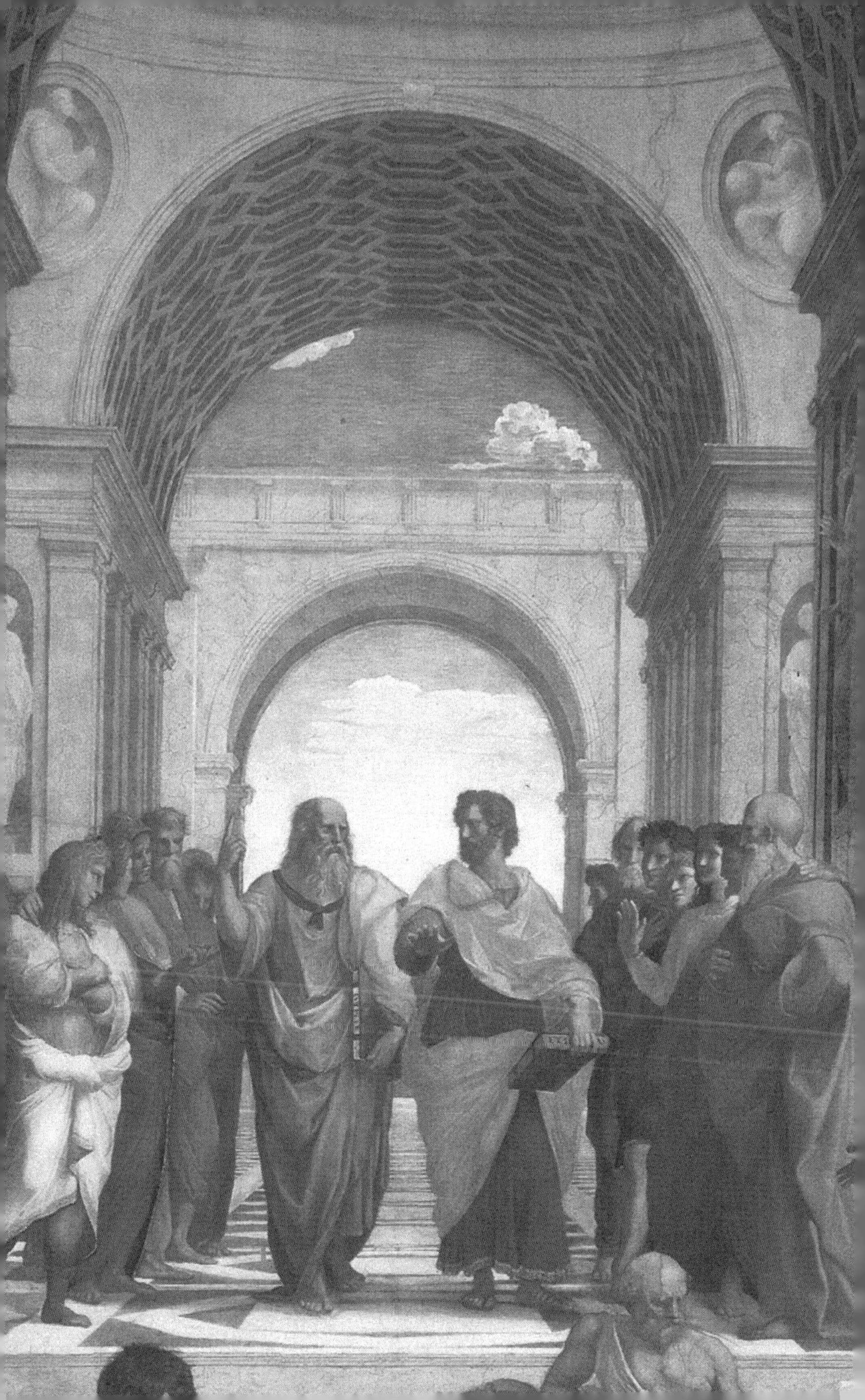

1

O mistério trinitário

Neste capítulo, abordamos o pensamento de Santo Agostinho sobre o mistério trinitário, utilizando como base sua obra A Trindade, um verdadeiro tratado sobre o tema, escrita com o intuito de apresentar a distinção das três pessoas da Santíssima Trindade, ao passo que elas são apenas um e único Deus. Outras obras de Santo Agostinho também são utilizadas aqui, com o objetivo de melhor fundamentar sua doutrina e dialogar com outras referências do autor e de seus comentadores.

1.1
Tratado sobre a Trindade

Para as religiões cristãs, Deus é um grande mistério que se revelou ao mundo desde a criação, e na pessoa de Cristo o verbo tornou-se carne. Para alguns, é difícil entender como um Deus é, ao mesmo tempo, uno e trino. Não é nossa intenção, obviamente, apresentar um manual explicativo para essa questão tão complexa, mas apresentamos a visão de Agostinho, Santo da Igreja Católica, que, em sua obra *A Trindade*, trata o tema com grande maestria.

Essa obra foi escrita entre os anos 400 e 416 e é uma das obras mais importantes de toda a reflexão agostiniana. "Eis como se exprime o crítico alemão Michael Schmaus* – o maior especialista da doutrina trinitária agostiniana: 'É o monumento mais excelso da teologia católica acerca do augusto mistério da Santíssima Trindade.'" (Oliveira, 1994, p. 561). Em seu tratado sobre a Trindade, Agostinho contribui com as bases da fé católica, mantendo-se sempre fiel e profundamente imerso no mistério de amor com Deus e a Igreja, a fim de combater toda e qualquer heresia que pudesse ameaçar o princípio cristão assim definido: "Deus existe eternamente como três pessoas – Pai, Filho e Espírito Santo – e cada pessoa é plenamente Deus, e existe só um Deus" (Grudem, 2008, p. 234, tradução nossa).

Em uma época de transição do paganismo para o cristianismo, defender a fé cristã era pertinente. Com a divergência de ideias a respeito de Deus, era necessário estabelecer alguns pilares para que os batizados pudessem se fortalecer na fé e não se desviar por caminhos heréticos. Podemos afirmar que foi Santo Agostinho quem presenteou a tradição

---

* Schmaus foi um importante teólogo alemão nascido em Oberbaar (Baviera), em 1897.

ocidental com o conceito mais bem-acabado e maduro acerca da Trindade, cuja fundamentação se fazia necessária em virtude da luta pela unidade sobre Deus, ocasionada pelas heresias* trinitárias que assolavam a Igreja entre os séculos II e IV. No entanto, a obra ainda é importante nos dias atuais, servindo como referencial e representando um dos pilares do cristianismo e da Igreja Católica.

A *Trindade* possui um profundo cunho filosófico, pois trata de questões e conceitos que necessitavam de uma fundamentação advinda não apenas da fé, mas também de embasamento racional. Antes de Agostinho iniciar sua tarefa, o debate sobre a Trindade foi precedido pelos representantes da Igreja em alguns momentos específicos.

> Em uma época de transição do paganismo para o cristianismo, defender a fé cristã era pertinente. Com a divergência de ideias a respeito de Deus, era necessário estabelecer alguns pilares para que os batizados pudessem se fortalecer na fé e não se desviar por caminhos heréticos.

A própria Igreja tentou acalmar os ânimos dos fiéis sobre as polêmicas acerca de Deus. Segundo Reale e Antiseri (2003b, p. 29-30):

> *A formulação definitiva do dogma da Trindade só ocorreu em 325, no Concílio de Niceia, depois de longas discussões e polêmicas, quando foram identificados e denunciados os perigos opostos do* adocionismo *(que consistia em não considerar Cristo como filho*

---

* "As atitudes em relação à heresia, assim como, na verdade, à rigorosa interpretação da ortodoxia, variaram de época para época no seio da Igreja cristã. Nos primeiros séculos da atual era, as controvérsias teológicas, revelando profundas diferenças raciais e sociais, gravitaram sobretudo em torno da natureza da Trindade e, mais especificamente, em torno da natureza da segunda pessoa da Trindade. Essas discussões continuaram perturbando a Igreja Ortodoxa Oriental, mas a Igreja ocidental aceitou, de um modo geral, o ortodoxo Credo de Niceia e esteve largamente imune a cisões de maior monta acerca de heresias desde o Concílio de Calcedônia (451) até o século XII" (Loyn, 1997, p. 191). Sobre esse tema, conferir também o tópico 2.2 desta obra, que trata especificamente do combate às heresias.

"gerado", mas sim "adotado" por Deus Pai), que comprometia a divindade de Jesus, e do modalismo *(que consistia em considerar as pessoas da Trindade como* modos de ser e funções *do único Deus), bem como uma série de posições relacionadas a estas de diversos modos.*

Esses debates internos da Igreja eram necessários para definir e apresentar uma posição oficial a respeito do tema, na tentativa de colocar um fim às discussões. Por isso, reunidos em Niceia, no ano de 325, em um concílio universal, representantes da Igreja buscaram estabelecer uma unidade e contaram com a presença de 318 bispos católicos e 22 arianos. Ao final deste concílio, chegaram à conclusão de que Deus é um só em três pessoas; isso, porém, não foi suficiente, pois havia ainda outros debates, naquela época, a respeito do Espírito Santo – o que fez surgir a necessidade de realizar outro concílio no ano de 381, em Constantinopla. Dessa forma, "o símbolo da fé, elaborado no primeiro concílio e completado no segundo é, por isso, denominado niceno-constantinopolitano" (Belmonte, 1994, p. 12). Tal símbolo é uma declaração de fé aceita pela Igreja Católica e também pela Ortodoxa*.

No entanto, esses concílios não foram suficientes para dirimir todas as heresias, e é justamente aqui que entra Agostinho, pois ele assume a missão de cumprir com a investigação da verdade pautada nas Sagradas

---

* Essa divisão entre Igreja Católica Apostólica Romana e Igreja Católica Apostólica Ortodoxa ocorreu em 1054, durante o Grande Cisma do Oriente, que proporcionou uma mútua excomunhão entre elas. Há algumas diferenças entre as Igrejas, como a discordância de utilização de imagens de santos e a decisão de seguir a orientação do Papa. Com Constantino como Imperador e a definição dos dogmas a partir do Concílio de Niceia, uma parte da Igreja passou a aceitá-los, enquanto outra as rejeitou. Assim, dogmas como Deus Trindade, Virgem Maria, Purgatório, Pecado Original, Imagens, Celibato e Hierarquia não se sustentavam entre ambos grupos. Até hoje existem as duas Igrejas.

Escrituras. Segundo Caron (2004, p. 25, tradução nossa), a problemática ainda permanecia em "pensar a unidade da Trindade ao mesmo tempo em que a singularidade das Pessoas divinas", pois "alguns ficam perturbados quando ouvem falar que Deus Pai, Deus Filho e Deus Espírito Santo, ou seja, a Trindade, não são três deuses, mas um só Deus".

Em sua versão completa, *A Trindade* contém 15 livros. No capítulo inicial do primeiro livro, Agostinho estabelece os pilares da proclamação acerca da unidade trinitária e exprime que Deus é inseparável e uma mesma substância. Nos livros e capítulos seguintes, a obra versa, de uma forma hermenêutica*, sobre a presença de Deus no mundo, sua missão e sua unidade para desenvolver a igualdade entre as três pessoas. Agostinho quer chegar ao conhecimento de Deus e revelar, a partir da fé, que é possível encontrar a Deus na inteligência humana. A mente humana**, segundo Agostinho, é capaz de perceber a presença de Deus, e o autor faz alusão ao Apóstolo Paulo, quando este diz que "agora vemos como em espelho e de maneira confusa; mas depois veremos face a face. Agora o meu conhecimento é limitado, mas depois conhecerei como

---

* Esta é uma palavra que se torna cada vez mais comum, tanto no meio teológico quanto filosófico. É também uma disciplina muito importante, que serve de base para interpretar problemas literários e alcançar uma melhor compreensão deles. Também é muito utilizada no Direito, como recurso interpretativo das normas jurídicas. Sobre esse assunto, verificar o tópico 5.2 desta obra, no qual abordaremos a filosofia como linguagem da verdade e a hermenêutica como um instrumento utilizado na busca por uma maior clareza dos textos.

** Para Agostinho, a mente (*mens*) não é apenas um atributo do homem, ela define o homem. Precisamos nos ater às terminações que Agostinho usa porque, segundo Gilson (2006), são muito flutuantes e designam alguns pontos como: *animus, spiritus, mens, ratio* e *intellectus* (inteligência), os quais desenvolveremos melhor à medida que aparecerem no texto. Nesse caso, "o pensamento, *mens*, é a parte superior da alma racional (*animus*); é ele que adere aos inteligíveis e a Deus [...]. O pensamento contém naturalmente a razão e a inteligência" (Gilson, 2006, p. 96).

sou conhecido!" (1Cor 13,12*). Essa relação de intimidade com Deus permite que, a cada momento, o homem o contemple melhor, pois vai se envolvendo nesse mistério de amor. Ao final da obra, Agostinho versará sobre a pessoa do Espírito Santo, que seria a ligação de amor entre as outras duas, o Pai e o Filho.

Quando Agostinho mergulha nesse mistério de fé e percebe que Deus pode ser a luz que ilumina a razão humana, ele ensina que o entendimento divino produz em nós as realidades criadas em nossa inteligência, dando a elas substâncias objetivas.

Intelligentia *é aquilo que há no homem, portanto, na mens, de mais eminente (De lib. arbit., I, 1, 3; vol. 32, col. 1223); pela mesma razão, confunde-se com* intellectus. [...] O intelecto *é uma faculdade da alma, própria ao homem, que pertence mais particularmente à mens, e que é iluminada diretamente pela luz divina.* [...] O intellectus *é uma faculdade superior à razão, pois é possível haver razão sem haver inteligência, mas não inteligência sem haver primeiramente razão; e, porque o homem tem a razão, ele quer alcançar o entendimento (Sermo 43, II, 3 – III, 4; vol. 38, col. 254-256). Em suma, a inteligência é uma visão interior (Enarr. in Ps. 32, 22; vol. 36, col. 296) pela qual o pensamento percebe a verdade que a luz divina descobre para ele. É a partir do* intellectus, *visto em sua forma mais elevada, que vimos que a fé é o preâmbulo necessário.* (Gilson, 2006, p. 96)

---

*   As citações bíblicas nesta obra têm como base a Edição pastoral da Bíblia sagrada de 1990, publicada pela Editora Paulus, e estão referenciadas da seguinte maneira: a primeira informação é o nome do livro (abreviado) – se ele tiver número, este antecederá o nome –; na sequência, é indicado o número do capítulo, separado por vírgula do número do versículo. Veja um exemplo: 1Cor 13,12 indica o versículo 12 do capítulo 13 da 1ª Epístola aos Coríntios. Qualquer referência distinta desse exemplo estará indicada por inteiro na seção "Referências" ao final desta obra.

Dessa forma, as razões eternas são objetos da nossa intelecção, e nossas ideias só terão valores absolutos quando mergulhadas nas ideias de Deus.

Nas *Confissões*, Agostinho declara: "tarde te amei, Beleza tão antiga e tão nova, tarde demais eu te amei! Eis que habitavas dentro de mim, e eu te procurava do lado de fora!" (Agostinho, 1997; Conf. X, 27)*. Para Agostinho, Deus está tanto no intelecto (dentro de nós) quanto no mundo como criador de todas as coisas e, assim, "é evidente que nem tudo o que dentre as criaturas é semelhante a Deus pode-se denominar sua imagem, apenas o é a alma, à qual unicamente Deus lhe é superior. Só a alma é a expressão de Deus, pois natureza alguma se interpõe entre ela e ele" (Agostinho, 1994; De Trin. XI, 8). Por ser imagem de Deus, a alma é considerada mais elevada e superior ao corpo. E por ser superior, também independe do corpo.

> No livro XV, Agostinho é assertivo: a imagem trinitária na mente humana é o que permite que se atribua ao ser humano a condição de pessoa (persona) – muito embora, o ser humano não seja exclusivamente essa imagem, pois, como vimos, o corpo é também um de seus elementos constituintes. Com isso, tem-se o espírito como um núcleo antropológico para Agostinho, devido à sua condição singular de imagem de Deus. Conceituação que, de certa forma, identifica a antropologia agostiniana como expressão paradigmática do que Lima Vaz classificava de modelo antropológico cristão. (Dalpra, 2015, p. 122-123)

---

* Sobre as citações de Santo Agostinho, além da norma padrão de citação autor/data, utilizaremos em seguida as seguintes abreviações, conforme o modelo que já se convencionou para os estudos de seus escritos, a saber: o nome da obra abreviado em latim, o número do livro correspondente em algarismo romano e mais um número em algarismo arábico para apontar o número da seção do livro como se situa na obra. Exemplo: (Agostinho, 2000; De civ. Dei, Livro XV, Capítulo I). Essa forma tem o objetivo de facilitar a situação cronológica imediata e favorecer uma eventual consulta em qualquer edição ou tradução.

A *Trindade* de Agostinho se destaca pelas reflexões sobre como o homem pode chegar ao conhecimento de Deus e compreender sua unidade substancial por meio de uma discussão sobre a Trindade e sobre a questão antropológica inerente ao tema, pois o homem se revela em suas características a partir do corpo, quando se reconhece como imagem do criador e à medida que se abre ao transcendente. A alma independe do corpo – ideia que remete à filosofia platônica, que alimenta certo desprezo pelo corpo, ou seja, por nossa dimensão sensível da existência. Segundo Dalpra (2015, p. 122), no entanto,

> embora haja de fato uma inescusável gradação valorativa entre ambos, o corpo assume uma condição relevante seja pela semelhança que possui com o criador, seja pela contiguidade cognoscitiva entre os sentidos e a razão, ou ainda por sua função na destinação salvífica do ser humano uma vez que o decurso da existência natural do ser humano, entendida em sua plenitude corporal e espiritual, é seu momento axial.

Assim, podemos compreender que mesmo herdando vestígios da filosofia de Platão, Agostinho a reelabora não somente para dar vida ao espírito, buscando aproximá-lo de Deus – de onde ele veio e para onde voltará –, mas também para dar lugar ao corpo, que passa a oportunizar ao homem encontrar a Deus na terra. Assim, *A Trindade* aborda não apenas a busca da verdade sobre Deus e a Trindade, mas apresenta também uma reflexão antropológica que possibilita ao homem perceber e encontrar a Deus nas diversas formas em que Ele se apresenta e reconhecer, em cada uma delas, o mesmo e único Deus, que, para Agostinho, apresenta-se em três pessoas distintas. Essa percepção será possível pelo esforço da razão em conjunto com a fé.

1.2
A unidade divina: três deuses e uma única substância

A *pergunta que* nos cabe nesse instante é: Quem é Deus? Em uma passagem do Êxodo, quando Moisés vai ao encontro de Deus porque recebera a missão de ser o mediador da libertação do seu povo das mãos do faraó, ele faz o seguinte questionamento ao Senhor: "quando eu me dirigir aos filhos de Israel, eu direi: 'o Deus dos antepassados de vocês me enviou até vocês'; e se eles me perguntarem: 'qual é o nome dele?' O que é que eu vou responder? Deus disse a Moisés: 'Eu sou aquele que sou'" (Ex 3,13-14). Podemos fazer uma exegese desse trecho, em que percebemos a teofania* de Deus, que se manifesta em alguns lugares ou para certas pessoas. Nessa teofania em particular, não podemos afirmar que, na sarça ardente, lugar onde Deus se manifestou a Moisés, o Filho ou o Espírito Santo não se faziam presentes. Não somente nessa, mas também em outras passagens, a mesma incerteza paira sobre o Sinai quanto à natureza e à distinção das três pessoas. Portanto, em sentido absoluto, não há separação no Ser: sempre que se manifestava uma das pessoas, na verdade, eram os três em unidade.

Segundo Reale e Antiseri (2003b, p. 93) "todavia, este Deus, que é 'Aquele que é', para Agostinho é essencialmente Trindade". Segundo a interpretação filosófica mediante a leitura dos referidos autores, podemos destacar três momentos importantes nos quais Agostinho constrói

---

* "As teofanias são definidas como aparições de Deus apreensíveis por seres inteligentes [...]. Em qualquer grau que se a considere, a produção dos seres por Deus não é mais que uma teofania. Para Deus, criar é revelar-se. Donde resulta que, como a criação é revelação, a revelação é criação" (Gilson, 2001, p. 254). Agostinho, principalmente na obra *A Trindade*, apresenta Deus Trindade como um só Deus, "como mesma essência e substância divina" (Agostinho, 1994; De Trin. I, 2, 4), para ratificar essa "verdade" que seus opositores ignoravam saber.

sua interpretação: (1) "**identidade substancial das três Pessoas**"; (2) "a distinção entre as Pessoas com base no **conceito de relação**" e (3) "as analogias triádicas que ele descobre no criado" (Reale; Antiseri, 2003b, p. 93). Nossa investigação consiste em apresentar essa identidade da Trindade.

Para desenvolvermos esse raciocínio, o primeiro ponto importante é a ideia sobre a **identidade substancial das três pessoas**, conforme já citado em Reale e Antiseri (2003b). Podemos utilizar a ideia de *Trindade* com base em Abbagnano (2007, p. 975, grifo do original), que a apresenta como "Um dos dogmas fundamentais do cristianismo que afirma a unidade da **substância** divina na Trindade das **pessoas**". Essa unidade parte da premissa de que ela é o único Deus. Agostinho afirma que "a Trindade é apenas um, único e verdadeiro Deus", e continua afirmando que "o Pai, o Filho e o Espírito Santo são uma mesma essência ou substância" (Arias, 1956, p. 133, tradução nossa). Essas afirmações são pautadas nas Escrituras, fonte na qual Agostinho busca sua inspiração para continuar com o empreendimento de apresentar a unidade das pessoas da Trindade. Portanto, mesmo quando as três pessoas aparecem em várias passagens bíblicas separadas, há o entendimento de que são inseparáveis em suas operações.

> A Trindade não desceu sob a forma de pomba sobre Jesus batizado (Mt 3,16), nem no dia de Pentecostes depois da ascensão do Senhor, vindo do céu como um ruído semelhante ao soprar de impetuoso vendaval e, em línguas de fogo, que vieram pousar sobre cada um deles; mas somente o Espírito Santo (At 2,2-4). A Trindade não fez ouvir do céu: Tu és meu Filho (Mc 1,11), quando Cristo foi batizado por João e no monte quando com ele estavam três discípulos (Mt 17,5); nem quando soou a voz que dizia: Eu o glorifiquei e o glorificarei novamente (Jo 12,28); mas somente

a voz do Pai foi dirigida ao Filho, se bem que o Pai e o Filho e o Espírito Santo, como são inseparáveis em si, são também inseparáveis em suas operações. Esta é minha fé, pois esta é a fé católica. (Agostinho, 1994; De Trin. I, 4, 7)

No entanto, não foi somente das Sagradas Escrituras que Agostinho retirou ideias para sua obra. Segundo Teixeira (2003, p. 33), "Agostinho leu todos os livros que pôde sobre a Trindade que foram escritos por autores católicos. Para ele um ponto indiscutível é o ensinamento da Igreja". E o próprio Agostinho expressa como chegou à compreensão sobre a Trindade. Isso faz parte do método* que ele desenvolveu para poder escrever.

Todos os comentadores católicos dos Livros divinos do Antigo e do Novo Testamento, que tive oportunidade de ler e que me precederam com seus escritos sobre a Trindade, que é Deus, expuseram sua doutrina conforme às Escrituras nestes termos: o Pai, o Filho e o Espírito Santo perfazem uma unidade divina pela inseparável igualdade de uma única e mesma substância. Não são, portanto, três deuses, mas um só Deus, embora o Pai tenha gerado o Filho, e assim, o Filho não é o que é o Pai. O Filho foi gerado pelo Pai, e assim, o Pai não é o que é o Filho é. E o Espírito Santo não é o Pai nem o Filho, mas somente o Espírito do Pai e do Filho, igual ao Pai e ao Filho e pertencente à unidade da Trindade.

---

* "Segundo Trapé, em sua introdução à obra sobre a Trindade assim enumera os passos de Agostinho: a) humildade e firme adesão à fé, e por isto à autoridade de Jesus Cristo, que é única, mas que se manifesta em concreto na autoridade da Escritura, da Tradição e da Igreja: b) ardente desejo de conhecer o conteúdo da fé e portanto, aplicação assídua ao estudo da Escritura, da história, da filosofia; c) sentido profundo do mistério, que quer dizer sentido da transcendência divina e dos limites da nossa razão; d) subordinação constante da ciência teológica à caridade e à contemplação, isto é, íntima união entre teologia e vida" (Teixeira, 2003, p. 33).

Contudo, a Trindade não nasceu da Virgem Maria, nem foi crucificada sob Pôncio Pilatos, nem ressuscitou ao terceiro dia, nem subiu aos céus; mas somente o Filho. (Agostinho, 1994; De Trin. I, 4, 7)

Ratificando as citações anteriores, em algumas passagens bíblicas podemos encontrar trechos que afirmam essa igualdade de essência: "O Pai e eu somos um" (Jo 10,30); "[...] ninguém conhece quem é o Pai, a não ser o Filho [...]" (Lc 10,22); "quem me vê, vê também aquele que me enviou" (Jo 12,45), dentre outras. Há também passagens que retratam o Filho de uma maneira inferior ao Pai, devido à encarnação, em que aquele assume uma substância humana – por exemplo: "[...] o Pai é maior do que eu" (Jo 14,28), o que não quer dizer inferioridade ou contradição, mas relação de um com o outro. Aqui, segundo Reale e Antiseri (2003b, p. 93), temos o segundo ponto importante: "a distinção entre as pessoas com base no **conceito de relação**", ou seja, há uma distinção entre as pessoas, mas não de forma ontológica.

A interpretação da distinção entre as pessoas pela relação não significa que podemos reduzir o papel de cada uma delas a meras contingências, mas, enquanto ser e substância, o são de forma igualitária. Assim, não podendo ser e, ao mesmo tempo, apresentar contingência nessa existência – o que destruiria o conceito de Deus e da Trindade –, Deus se apresenta como a unidade perfeita em constante relação entre as três pessoas.

Por fim, podemos comentar também as **analogias triádicas** que podem ser percebidas na criação, "as quais, de simples vestígios da Trindade nas coisas e no homem exterior, tornam-se, na alma humana, verdadeira imagem da própria Trindade" (Reale; Antiseri, 2003b, p. 93). Essa imagem da própria Trindade não pode ser pensada de forma fenomênica, mas, segundo Arias (1956, p. 57, tradução nossa), deve ser vista como "um Deus vivente, real, no sentido pleno da palavra". Assim,

Toda criação se encontra no Verbo e tudo o que existe no Verbo é vida. Esta doutrina não é nem de Platão, nem de Plotino, mas do evangelista São João. A gênese da inteligência tal qual a concebem os neoplatônicos é de uma inferioridade manifesta em relação ao primeiro princípio. Se, pois, a filosofia platônica sugere um fluxo considerável de fórmulas ao doutor da Trindade, seu pensamento habita na fonte da palavra revelada. (Arias, 1956, p. 57, tradução nossa)

Agostinho funda seu pensamento sobre Deus como a Verdade*. Podemos conhecer Deus por meio de nossa alma e vice-versa. O Verbo**, que do nada tudo fez aparecer, é a melhor conjugação da existência plena de Deus, o Verbo "Ser", pois Deus é aquele que é e tudo o que existe no mundo foi criado do nada (*ex nihilo*), as coisas não foram criadas de

---

* Segundo Gilson (2006, p. 23): "Resulta daí que, fora dessa posse de Deus, só existe a miséria para o homem. Viver bem é, precisamente, esforçar-se para possuí-lo. Da fonte da verdade brota, por assim dizer, sem cessar, em nossa direção, uma espécie de apelo que nos rememora a lembrança de Deus, convida-nos a buscá-lo e nos faz sequiosos dele. É dessa verdade, ou seja, de Deus, que retiramos todas as nossas verdades, ainda que não ousemos, nem poderíamos, contemplá-la na sua essência".

** No livro de João, capítulo 1, o evangelista afirma, desde o prólogo, que "No começo a Palavra já existia: a Palavra estava voltada para Deus, e a Palavra era Deus" (Jo 1,1), assim, Jesus é a Palavra que revela Deus aos homens. Essa Palavra é a sabedoria de Deus, é o próprio verbo encarnado. No versículo 14 do mesmo capítulo, João diz que "a Palavra se fez homem e habitou entre nós". Assim, esse Verbo, que é Deus, é a luz que ilumina a humanidade. Lembrando que o evangelho de João foi escrito em grego, em que *palavra* significa "*logos*", mas, em português, encontramos traduções diferentes do mesmo evangelho apresentando ora o vocábulo *Verbo*, ora *Palavra*. Na tradução da CNBB, há uma explicação sobre a escolha do vocábulo *Palavra*: "o Verbo corresponde à teologia patrística, acentua a presença eterna, em Deus, de sua auto expressão. Mas, a 'Palavra' evoca melhor a palavra na criação e nos profetas' [...] 'Jesus é o portador da palavra de Deus" (Bíblia Sagrada, tradução da CNBB. São Paulo, 1908, p. 1310). Temos aqui, então, a ideia da opção de Agostinho pelo vocábulo *Verbo*.

nenhuma substância. De acordo com Reale e Antiseri (2003b, p. 95), "O homem sabe 'gerar' (os filhos) e sabe 'produzir' (os artefatos), mas não sabe 'criar', porque é um ser finito. Deus 'gera' de sua própria substância o Filho, que, como tal, é idêntico ao Pai, ao passo que 'cria' o cosmo do nada". Gilson (2006, p. 155) complementa: "o Verbo é esse mestre interior através de quem se torna possível a comunhão dos homens em uma mesma verdade". Não é possível, então, construir uma reflexão de que a criação do mundo parte de alguma substância, mas podemos afirmar que a criação parte da vontade de Deus, de sua Palavra, do Verbo.

Deus cria tudo por sua ideia – o "pensamento de Deus". Essa é uma das teorias apontadas por Agostinho, juntamente com a ideia de *razões seminais*, pois Deus não cria tudo da forma totalizante que está no mundo, mas lança sementes, que com o decorrer do tempo e das circunstâncias se desenvolvem paulatinamente.

Assim, "juntamente com a matéria, Deus criou virtualmente todas as possibilidades de sua concretização, infundindo nela, precisamente, as raízes seminais de cada coisa" (Reale; Antiseri, 2003b, p. 96). O homem é parte dessa criação e, mais que isso, possui uma alma que é a própria imagem de Deus, por isso essa alma (imagem da Trindade) é eterna e não pode perecer, senão pereceria toda a Verdade. E essa Verdade é o caminho para a compreensão de que Deus é Trindade.

> [...] com a ajuda de nosso Deus e Senhor e conforme nossa capacidade, empreenderemos a tarefa que nos pedem, e assim demonstraremos que a Trindade é um só e verdadeiro Deus, e quão retamente se diz, se crê e se entende que o Pai, o Filho e o Espírito Santo possuem uma só e mesma substância ou essência. (Agostinho, 1994; De Trin. I, 2, 4)

Para Agostinho, essa substância poderia ser denominada "essência", e Deus é essa essência: "assim 'essência' é termo derivado do verbo ser (*esse*). E de quem se pode dizer com mais propriedade que 'é', senão daquele que disse a seu servo Moisés: *Eu sou o que sou*, e: *Dirás aos filhos de Israel: Aquele que é, enviou-me a vós* (Ex 3,14)" (Agostinho, 1994; De Trin. V, 2, 3, grifo do original). A Deus, como substância ou essência, não cabe nenhum acidente, pois o que muda (o contingente) não conserva o ser em si. Essa unidade entre o Pai e o Filho deve ser entendida segundo a substância. E mesmo que possamos perceber diferenças nos papéis do Pai e do Filho e nas suas formas de ser, não significa que haja diferença de substância, pois todas as vezes que tratamos das diferentes pessoas da Trindade o fazemos não por uma explicação substancial, mas por relação. Segundo Agostinho, a relação não é acidental, pois não se pode modificar.

Assim, de acordo com Santo Agostinho (1994; De Trin. V, 7, 9), podemos dizer que "o Pai é Deus, o Filho é Deus e o Espírito Santo igualmente é Deus, o que ninguém nega falando na ordem substancial. Mas não dizemos que há três deuses, mas um só Deus na sublime Trindade". Não há três Deuses, como não há três que sejam grandes, bons, pois somente um é grande e bom: "Tu és grande, e fazes maravilhas. Tu és o único Deus" (Sl 85,10).

Finalizando esse tópico, salientamos a diferença entre o entendimento grego em oposição ao latino sobre a questão de essência e substância. Enquanto para o grego há uma essência e três substâncias, os latinos empregam a palavra *essência* como sinônimo de *substância*, afirmando que há uma essência ou substância e três pessoas. E é nesse embate que a busca pelo conhecimento de Deus continua pelos diversos caminhos entre a fé e a filosofia.

1.3
Buscando a Deus por meio da filosofia

Antes de Santo Agostinho, havia pouco interesse dos padres latinos pela filosofia, pois a viam como contrária à fé cristã e acreditavam que ela não conduzia à verdade. Sendo assim, esses padres se interessavam sobretudo por estudos teológicos, pastorais e filológicos. É importante saber disso para chegarmos à figura de Santo Agostinho e seu gosto e dedicação à filosofia. Destacamos uma passagem de Minúcio Felix* que ressalta a posição deste contra os filósofos gregos: "nós não sabemos o que fazer com a teoria dos filósofos; sabemos muito bem que são mestres de corrupção, corruptos eles próprios, prepotentes e, além do mais, tão descarados que estão sempre a clamar contra aqueles vícios nos quais eles próprios se afundaram" (Felix, citado por Reale; Antiseri, 2003b, p. 72).

Felix afirmava que muitos filósofos pareciam mais cômicos que sábios, por ensinarem coisas tais como a transmigração das almas e afirmarem que estas poderiam assumir corpos, inclusive de animais. Ainda citando Felix, Reale e Antriseri (2003b, p. 72) complementam: "Essa afirmação não parece de fato a tese de um filósofo, parecendo muito mais a tirada injuriosa de um cômico".

---

*   Minúcio Félix provavelmente nasceu na África. "Lactâncio e São Gerônimo o colocam na lista dos escritores africanos" (Domingo, 1990, p. 3, tradução nossa). Dedicou-se aos estudos da gramática, da retórica e aos recursos da dialética, por isso o vasto conhecimento da literatura grega e latina. Seu escrito apologético em favor dos cristãos e em forma de diálogo é datado de fins do século II.

Esse período da Patrística, que vai até meados do século III, é dedicado à defesa do cristianismo contra os adversários pagãos e gnósticos*. Nessa época, destacam-se Minúcio, Tertuliano, Justino, Taciano, Cipriano, Lactâncio, entre outros, que apresentaram algumas contraposições da fé cristã às doutrinas filosóficas. Tertuliano (citado por Reale; Antiseri, 2003b, p. 72) afirma, por exemplo, que "Atenas e Jerusalém nada têm em comum, como também a Academia e a Igreja", levando seu pensamento ao ápice da proclamação de que a fé torna inútil qualquer doutrina, e que a filosofia atrapalha conhecer a Deus.

Agostinho, no entanto, em sua obra *Contra os acadêmicos*, faz uma exortação à filosofia, estabelecendo uma comparação com o termo *filocalia*:

> Isso é o que vulgarmente se chama filocalia. Não desprezes o termo por causa do seu uso comum. Pois filocalia e filosofia são quase sinônimos e querem parecer termos da mesma família e de fato o são. Pois, o que é filosofia? O amor da sabedoria. Que é filocalia? O amor da beleza. Pergunta aos gregos. E o que é a sabedoria? Por acaso não é a verdadeira beleza? Portanto a filosofia e a filocalia são irmãs, filhas do mesmo pai. Mas a filocalia, arrancada do seu céu pelo engodo da volúpia e presa na gaiola do vulgar, conservou todavia a semelhança do nome para advertir o passarinheiro a não desprezá-la. Sua irmã, que voa livremente, muitas vezes a reconhece, ainda que sem asas, suja e miserável, mas raramente a liberta, pois a filocalia não conhece sua origem, a filosofia, sim. (Agostinho, 2008; Contra acad., Livro II, Discussão III, 7)

---

* O gnosticismo foi uma corrente filosófica difundida nos primeiros séculos depois de Cristo no Oriente e no Ocidente; "é uma primeira tentativa de filosofia cristã, feita sem rigor sistemático, com a mistura de elementos cristãos míticos, neoplatônicos e orientais. Em geral, para os gnósticos o conhecimento era condição para a salvação" (Abbagnano, 2007, p. 485). Eles acreditavam que o mundo, por ser mau, não poderia ter sido criado por Deus, mas por um Demiurgo mau.

Essa fábula ajuda a ilustrar o papel da filosofia no reconhecimento da verdadeira beleza; ou seja, a filosofia é o caminho para a contemplação do belo, da sabedoria. E os que se eximem de percorrer esse caminho se iludem, pois se esquecem de se apoiar na sabedoria, sem a qual não poderiam regressar ou conhecer sua origem por um viés racional. Assim, a filosofia torna-se, junto com a fé, um caminho seguro para o conhecimento de Deus.

É no segundo período da Patrística, que vai do século III até meados da metade do século IV, que encontramos a figura de Agostinho. É uma época marcada pela "formulação doutrinai [sic] das crenças cristãs; é o período dos primeiros grandes sistemas de filosofia cristã" (Abbagnano, 2007, p. 746). Agostinho é considerado o mais importante dos padres da Igreja, dono de uma vasta produção literária de caráter filosófico, teológico e exegético. Foi a partir do contato com a obra *Hortênsio*, de Cícero, que Agostinho passou a ter amor à filosofia, e ele deixa isso registrado nas *Confissões*: "o livro é uma exortação à filosofia e chama-se Hortênsio. Devo dizer que ele mudou os meus sentimentos e o modo de me dirigir a ti; ele transformou as minhas aspirações e desejos" (Agostinho, 1997; Conf. III, 4). O livro de Cícero apresentava um conceito de filosofia com tendência helenística, em que se buscava uma compreensão da vida e da própria filosofia como uma forma de viver marcada pela felicidade e pela tranquilidade interior, perspectiva que Agostinho passa a expressar posteriormente em seus escritos.

> Agostinho é considerado o mais importante dos padres da Igreja, dono de uma vasta produção literária de caráter filosófico, teológico e exegético.

Essa busca por uma vida marcada pela felicidade e paz de espírito passou a inspirar Agostinho, mas não nos moldes da vida terrena. A felicidade desejada por Agostinho transcendia todos os prazeres desta vida. Foi por meio da leitura de *Hortênsio* – livro que, infelizmente, não chegou até nós –, acrescida das leituras de Plotino, que Agostinho encontrou a coerência de sua filosofia. No entanto, cunhada pelo amor que sentia por Cristo, sua filosofia fez com que ele se voltasse para a Bíblia, livro que demorou a compreender, pois estava acostumado a outros estilos literários, mais refinados, como o de Cícero. Sua busca pela verdade possibilitou que transitasse pela doutrina maniqueísta*, mas dela se afastou para abraçar a filosofia cética da Academia. Da mesma forma que se afastou do maniqueísmo e das leituras de Hortênsio, o fez com o ceticismo, pois não encontrou ali o nome de Cristo que lhe fazia arder o coração.

Foi em um encontro com Ambrósio que a filosofia agostiniana começou a estabelecer fortes bases para resistir ao pensamento dos maniqueus, o que antes se supunha impossível. Agostinho menciona que, "enquanto abria o coração às palavras eloquentes, entrava também, pouco a pouco, a verdade que ele pregava. Comecei então a notar que eram defensáveis suas teses" (Agostinho, 1997; Conf. V, 14). Segundo Reale e Antiseri (2003b, p. 84), "a partir daí o repúdio maniqueísta ao Antigo Testamento já lhe parecia injustificado e infundado". Sua preocupação era pensar uma substância espiritual para que as construções argumentativas dos maniqueus desmoronassem.

---

* "O maniqueísmo é uma mistura imaginosa de elementos gnósticos, cristãos e orientais, sobre as bases do dualismo da religião de Zoroastro. Admite dois prin cípios: um do bem, ou princípio da luz, e outro do mal, ou princípio das trevas. No homem, esses dois princípios são representados por duas almas: a corpórea, que é a do mal, e a luminosa, que é a do bem. Pode-se chegar ao predomínio da alma luminosa através de uma ascese particular, que consiste em três selos: abstenção de alimentar-se de carne e de manter conversas impuras (*signaculum oris*); abstenção da propriedade e do trabalho (*signaculum nianus*); abster-se do casamento e do concubinato (*sigiaculum sinus*)." (Abbagnano, 2007, p. 641).

Essa tentativa de encontrar uma substância ou uma solução para os problemas ontológicos nos quais estava absorto teve uma luz com as leituras de Plotino e Porfírio, quando Agostinho percebeu relações entre as escrituras e os platônicos. Agostinho procurava ardentemente na filosofia proposições que corroborassem sua fé, mas todas as doutrinas apresentavam erros que contrariavam a fé cristã, por isso, não eram benéficas para o caminho de busca em Deus. Segundo Agostinho (1994; De Trin. XIII, 19, 24):

> *Os principais filósofos pagãos, no entanto, que chegaram a captar as coisas invisíveis de Deus, mediante as coisas criadas, porque filosofaram sem recorrer ao Mediador – isto é, sem o Cristo homem, por não acreditarem que ele haveria de vir conforme os profetas; e tampouco que ele veio, conforme os apóstolos – possuíram injustamente a verdade, tal como deles foi dito".*

Portanto, para Santo Agostinho, a verdade é fruto daquilo que perpassa Cristo, Verbo encarnado, fonte da fé que possibilita perceber as realidades temporais e eternas.

Agostinho não apenas diz que em Cristo se encerram as verdades da fé, mas admite que nele também "[...] estão escondidos todos os tesouros da sabedoria e ciência" (Cl 2,3). A sabedoria dos filósofos em reconhecer a efemeridade de nossa existência na Terra e que somos mortais possibilitará uma conexão com o propósito de salvação da alma que, após a morte desta vida, voltará aos céus.

De acordo com Agostinho (1994; De Trin. XIV, 19, 26):

> *Essa sabedoria contemplativa é a que as Escrituras [...] chamam propriamente de sabedoria, distinguindo-a da ciência. [...]*
>
> *Causa-me admiração que esse homem, dotado de tanta agudeza de espírito, prometa uma morte feliz, após terem cumprido seus compromissos humanos, a homens dedicados*

à filosofia, a qual lhes traz felicidade pela contemplação da verdade – já que o objeto de nossos sentimentos e pensamentos é mortal e caduco.

Assim, a filosofia que possibilita alçar voo até Deus, até a verdade, é a filosofia que deve ser cultivada pelos homens que possuem razão. Tertuliano, porém, acreditava que, "para chegar a Deus, basta uma alma simples: a cultura filosófica não ajuda, até atrapalha" (Reale; Antiseri, 2003b, p. 73). Tertuliano acreditava que a fé em Cristo não tinha relação com a sabedoria humana. Ele toma partido contra a filosofia e a responsabiliza pela multiplicação das seitas agnósticas. Seguindo essa lógica de Tertuliano, Gilson (2001, p. 106-107) destaca que:

Do mesmo modo que os profetas são os patriarcas dos cristãos, os filósofos são patriarcas dos heréticos. Nem Platão, nem mesmo Sócrates, fazem exceção a essa regra. Basta constatar, aliás, os fatos para ver como a fé leva a melhor sobre a filosofia. O mais iletrado dos cristãos, se tem fé, já encontrou Deus, fala da sua natureza e das suas obras e responde sem hesitar a qualquer pergunta que lhe fazem a esse respeito, ao passo que o próprio Platão professa que não é fácil descobrir o artesão do universo, nem, uma vez encontrado, dá-lo a conhecer.

Quando Agostinho se refere aos filósofos que defendem a imortalidade da alma, não poderia estar falando de outros a não ser dos platônicos. O próprio Platão tratou desse assunto em várias obras, mas, para Agostinho, mesmo que abordando alma pelo viés racional, falta a esses filósofos o que para ele é preponderante: o recurso da fé. E o caminho não poderia ser outro senão o amor, sobre o qual se questiona: "esse amor em mim, que tem sua fonte em Deus, e sobre o qual fixo o olhar de meu espírito, será ele capaz de me revelar a Trindade? Sim, tu vês a Trindade, se vês a caridade" (Agostinho, 1997; Conf. VIII, 12). Agostinho encontra a imagem de Deus e da verdade na mente humana com a Trindade: inteligência, conhecimento e amor; e chega à conclusão de que "cada pessoa é ao mesmo tempo: memória, inteligência e vontade. Devem ser entendidas as três juntas em cada uma das Pessoas. O Pai, o Filho e o Espírito Santo são um só Deus e não diferem entre si, a não ser pela operação de suas relações mútuas" (Agostinho, 1997; Conf. XV, 22). A sabedoria humana, para encontrar o caminho da verdade, deve estar estritamente relacionada com a sabedoria de Deus.

Na obra *A vida feliz*, Agostinho afirma que a via de acesso para se atingir o porto da filosofia é a vida feliz, "numa caminhada exclusivamente dirigida pela razão e conduzida pela vontade" (Agostinho, 1998; De beat. vit. I, 1). Ele ressalta que, como navegantes, "Poucos saberiam qual o caminho do retorno ou que esforços empenhar, caso não se levantasse alguma tempestade – considerada pelos insensatos como calamitosa –, para dirigi-lo à terra de suas ardentes aspirações. Pois são navegantes ignorantes e erradios" (Agostinho, 1998; De beat. vit. I, 1). Além disso, elenca três tipos de navegantes. Os primeiros, em certa idade em que há predominância da razão, afastam-se na terra, procurando fixar-se em lugar tranquilo. Os segundos, ao contrário, arriscam-se no mar e aventuram-se, distantes de sua pátria, e aos poucos se esquecem dela. Há nestes uma "pseudo-serenidade" nos prazeres e honras. Alguns dessa categoria não se arriscam demais, e as adversidades do mar os trazem de volta ao porto. Por fim, há uma terceira categoria, que encontra um equilíbrio entre as duas outras. São aqueles que, mesmo com todas as adversidades, não se esquecem de sua pátria, de seu porto.

1.4
O homem, o pecado e a providência divina – livre-arbítrio

Agostinho se preocupa com a definição e a distinção das pessoas que formam a Trindade. Uma das questões levantadas por ele é a impropriedade dos termos que prolonga o debate sobre Deus, ou seja, se devemos dizer três pessoas, três Deuses, três essências, enfim. Aborda, também, aspectos da espécie humana, como sua essência e sua impossibilidade de se subdividir, como Deus, em mais de uma pessoa, mantendo apenas uma única essência. Pelas passagens bíblicas, podemos perceber que, quando Deus fala usando a terceira pessoa, ele se refere à fala ou à vontade das demais pessoas que juntamente formam a Trindade. E para Deus, o homem é nada mais que sua "imagem e semelhança" (Gn 1,26). Nessa passagem específica, podemos perceber os verbos utilizados: "façamos o homem à nossa imagem e semelhança". Os termos "façamos" e "nossa" se referem à Trindade, pensando no homem não como imagem de Deus, mas próximo por semelhança. Segundo Agostinho (1994; De Trin. VII, 6, 12):

> *Filho é a imagem, o homem é à imagem, não a imagem. Mas o Apóstolo os contradiz ao dizer:* Quanto ao homem, não deve cobrir a cabeça porque é a imagem e a glória de Deus *(1 Cor 11,7). Não disse: "à imagem", mas imagem, não, porém, como se se referisse ao Filho, que é a única imagem igual ao Pai. Em caso contrário, não teria dito* à nossa imagem.

Se Deus é uma grande incógnita devido aos seus mistérios, como saber o que é o homem, se este é feito à imagem de seu criador? Será que Deus quis se fazer humano (Cristo) para mostrar ao homem um caminho bom para se viver? Segundo Santo Agostinho (1997; Conf. VIII, 7b), foi para "nos dar o exemplo de humildade, e para demonstrar seu amor por nós", para que o homem pudesse ter um exemplo de vida e uma saída digna desta vida para a eternidade – ou para voltar ao pensamento de Deus. Quem volta para Deus não é o homem como conhecemos na Terra, mas sua alma. Sabemos o que é uma alma porque possuímos uma, relata Agostinho. Assim, quando falamos que um homem é justo, nos referimos à sua alma e não ao seu corpo. É alma que pode conhecer a

Deus, e conhecê-lo por completo acontecerá após esta vida, quando a alma encontrar-se face a face com Deus.

De acordo com Reale e Antiseri (2003b, p. 89), "o verdadeiro grande problema não é o do *cosmo*, mas o do *homem*. O verdadeiro mistério não é o mundo, mas nós para nós mesmos: 'Que profundo mistério é o homem!'". Na obra *A Trindade*, Agostinho dedica-se ao homem também, mas não fixa sua reflexão no questionamento sobre a essência dele, mas sobre o homem como um "eu", como indivíduo criado por Deus, portanto, não repetível. Chega, até mesmo, a dizer que não compreende tudo o que ele é, e torna-se, então, observador de si mesmo, ao passo que é também, ele próprio, o observado. Para tratar da mortalidade do homem, devemos pensar nele como foi criado, ou seja, como carne, pois:

Uma coisa é o Verbo na carne, outra coisa é o Verbo feito carne, ou seja, uma coisa é o Verbo no homem e outra o Verbo feito homem. O termo "carne" é empregado no sentido de "homem", quando se diz: e o Verbo se fez carne *(Jo 1,14), [...]. Carne indica aí o homem, não sem alma ou sem inteligência; mas "toda a carne"; equivale a: "todo homem".* (Agostinho, 1994; De Trin. II, 6, 11)

Percebemos claramente que há uma relação entre o corpo e a alma, no sentido de que, mesmo matando o corpo, não é possível matar a alma*. Assim, podemos definir o homem de um modo dualista: composto de corpo e alma.

Sendo a alma racional o princípio da vida e sua forma (species formae). A definição clássica do homem: "animal rationale" lhe era bem conhecida. Definição que justapõe os dois elementos do todo, sem os hierarquizar. Mas Agostinho manifestamente preferia

---

* "Não tenham medo daqueles que matam o corpo, mas não podem matar a alma. Pelo contrário, tenham medo daquele que pode arruinar a alma e o corpo no inferno!" (Mt 10,28).

a definição de inspiração bíblica: "Uma alma racional servida por um corpo terrestre". (Cf. De moribus Ecclesiae Catholicae I, 27,52). (Oliveira, 1994, p. 582)

Complementando as palavras de Oliveira (1994), podemos apontar Gilson (2001, p. 130), que afirma a relação entre corpo e alma a partir das ideias de Agostinho de que "O corpo do homem é mortal, não sua alma. A alma é um deus pensante encarregado do corpo: ela está para o corpo assim como deus está para o mundo". Temos, até aqui, uma imagem daquilo que Agostinho pensa ser o homem além das tríades que analogamente se chega à Trindade, como considerar o homem pelo viés do ser, conhecer e amar. A fórmula de Agostinho para chegar a tal homem está em voltar-se para dentro de si mesmo e encontrar lá nada menos que Deus e toda sua beleza. E ele nos revela isso quando, nas *Confissões* (Agostinho, 1994; De Trin. X, 27, 38), afirma que tarde demais amou essa beleza que sempre esteve dentro de si enquanto procurava fora.

A obra *A Trindade* aborda também a questão da existência de um homem interior em oposição a homem exterior*. Enquanto internamente podemos nos renovar a cada dia, o nosso exterior caminha para sua ruína. De acordo com Agostinho (1994; De Trin. XI, 1), "em consequência de nossa condição humana é que lidamos mais fácil com as realidades visíveis do que com as inteligíveis". Por isso, é muito fácil perceber as fraquezas de nosso corpo, pois lhe damos muitas vezes mais valor que à nossa alma, nosso mais precioso tesouro.

Assim, a trindade do homem exterior não é para Agostinho a imagem de Deus, pois produz na alma a capacidade de perceber o que está em

---

*   Para um aprofundamento do tema, você pode conferir as passagens dentro da obra *A Trindade*: (XI, 1; Vestígios da Trindade no homem exterior); (XI, 5; Papel da imaginação. A trindade do homem exterior não é imagem de Deus. Relações trinitárias na visão externa); (XI, 9, Uma imagem gera outra imagem).

sua volta mediante os sentidos do corpo. Essa produção de sentimentos e vontades corta a relação do homem com seu criador. E fica evidente a existência de trindades no processo de produção do conhecimento sensível, pois há o objeto em si, que pode ser visto; depois a visão, que faz parte dos sentidos humanos e que pode captar o objeto; e, por fim, a alma, que capta o objeto pela sua intenção, pela vontade, e que une o sentido humano ao objetivo observado. Assim é a alma que sente a presença dos corpos ou das coisas em volta, e não o sentido como imaginamos. A alma quando está cheia de soberba é, segundo Agostinho, princípio do pecado no mundo e início da queda do homem, pois impossibilita este de produzir conhecimento. O objeto, o sentido e a vontade da alma (essa trindade no homem), se utilizados isoladamente, não poderão produzir o conhecimento.

O pecado de Adão tornou todos os homens necessitados da graça de Deus. "Os filhos da desobediência são os infiéis; e quem não é infiel antes de se tornar fiel? Eis por que todos os homens, desde a origem, estão sob o Príncipe do poder do ar[*], espírito **que opera nos filhos da desobediência**" (Agostinho, 1997; Conf. XIII, 16, grifo do original).

O fruto do pecado é a condenação à morte e, sobre esse tema, podemos nos referir à morte imerecida de Cristo, pois, com ela, Cristo passa a ser a salvação para todos os mortais condenados. E aqui encontramos um ponto crucial da filosofia de Agostinho: "o sangue do inocente foi derramado para a remissão de nossos pecados" (Agostinho, 1997; Conf. XIII, 18).

---

* A expressão "poderes ou potestade do ar" é encontrada em Efésios 2, 2 e se refere ao reino invisível acima da Terra ou ao espírito que opera nos filhos da desobediência, que seria o próprio mal. A passagem indica a volta do homem a Deus e a sua salvação pela graça, pois esse homem deixa de lado os costumes do príncipe deste mundo, ou seja, daquele considerado o príncipe do poder do ar.

A partir de então, a providência divina resgata o homem (corpo e alma) de seus pecados para dar-lhe vida nova em Cristo.

As questões suscitadas anteriormente se referem ao problema da desobediência e da soberba, mas podemos também mencionar outra discussão para falarmos sobre a queda do homem: o mal. Como o homem poderia estar suscetível à perdição ou ao mal se Deus, sendo bom, criou o homem à sua imagem? Procurando aclarar essa questão, podemos citar outra obra de Agostinho, intitulada *O Livre Arbítrio*, que foi escrita em forma de diálogos, por meio dos quais Agostinho relata suas conversas com Evódio, seu amigo e conterrâneo. Já no início da obra, Evódio lança sua pergunta: "Peço-te que me digas, será Deus o autor do mal?" (Agostinho, 1995; De lib. arb. I, 1, 1). Essa pergunta teve uma resposta muita clara de Agostinho: Deus não pode ser o autor do mal, porque ele é bom, e se sua natureza é boa, consequentemente dela só pode vir coisa boa.

As indagações de Evódio vão muito além dessa pergunta, pois ele deseja compreender o que, afinal, é o mal. Antes de responder a essa questão, Agostinho faz Evódio pensar sobre os julgamentos que temos acerca do bem e do mal, afirmado que o mal não é uma substância, porque, se Deus é substância e todas as coisas boas derivam dele, o mal não pode ser uma substância. Caímos, assim, na mesma discussão de quando iniciamos este capítulo, procurando saber o que seria uma substância e como Deus é substância. Aqui, vale ressaltar que estamos tratando o mal como aquilo que mencionamos um pouco mais acima, quando o chamamos de *pecado*, ou seja, uma reflexão ontológica dessa questão colocando o pecado como raiz de todo o mal no mundo.

> Como o homem poderia estar suscetível à perdição ou ao mal se Deus, sendo bom, criou o homem à sua imagem?

Logo, é a vontade desregrada a causa de todos os males. Se essa vontade estivesse em harmonia com a natureza, certamente esta a salvaguardaria e não lhe seria nociva. Por conseguinte, não seria desregrada. De onde se segue que a raiz de todos os males não está na natureza. E isso basta, por enquanto, para refutarmos todos aqueles que pretendem responsabilizar a natureza dos seres pelos pecados. Quanto a ti, se pretendes ainda investigar qual seja a causa dessa raiz, como poderia ser a vontade a raiz de todos os males? Com efeito, essa raiz seria a causa da cobiça, mas essa, uma vez tendo sido encontrada, como eu dizia acima, seria preciso procurar ainda a causa dessa primeira causa e não haveria limite algum para as tuas buscas. (Agostinho, 1995; De lib. arb. III, terceira parte, 17, 48)

Segundo Agostinho, se os homens são atormentados pelo mal, deveriam procurar a solução com piedade, confiando na providência divina. Assim, todos poderão alcançar a salvação e a remissão dos seus pecados. O caminho indicado por Agostinho é Cristo, por isso, podemos dizer aos que desejam a eternidade: "a vida eterna é esta: que eles te conheçam a ti, o único Deus verdadeiro, e aquele que tu enviaste, Jesus Cristo" (Jo 17,3). Percebemos, portanto, que a construção filosófica de Agostinho é fortemente arraigada nos evangelhos.

Notamos, então, a importância da reflexão agostiniana para clarear as posições referentes à razão e à fé, tendo como base os ensinamentos bíblicos e a obra dos pensadores de sua época. O divino, para Agostinho, não é uma força ou uma filosofia de vida, mas o próprio Cristo, que ele consegue ler, interpretar e unir em uma doutrina de fé e razão, possibilitando ao homem navegar com segurança, sempre tendo em mente onde é o porto seguro para retornar quando diante das adversidades ou frente ao desencantamento trazido pelas belezas efêmeras conhecidas por meio de outras navegações.

Síntese

Neste primeiro capítulo, vimos a importância de Santo Agostinho e de sua produção filosófica e teológica não somente para a Igreja, mas também para a história da filosofia, sendo a obra *A Trindade* considerada uma das mais importantes de toda a reflexão agostiniana. Verificamos que Agostinho foi importante na transição do paganismo para o cristianismo, e sua colaboração na produção intelectual elevou as reflexões de fé a um patamar filosófico, dando a elas uma fundamentação racional. Observamos também que Deus é a luz que ilumina a razão humana e que o entendimento divino é que produz em nós as realidades criadas em nossa inteligência.

Vimos que, na obra *Confissões*, Agostinho declara ter demorado a perceber a beleza de Deus, que sempre esteve dentro dele, mas que ele buscava em outros lugares. A preocupação de Agostinho é preparar um caminho para que o homem se livre das ilusões terrestres e encontre a Deus. Verificamos ainda que Agostinho tratou de escrever sobre a realidade substancial das três pessoas da Trindade, sendo este um dogma da Igreja, que afirma a unidade da substância divina da Trindade. Ressaltamos que não foi somente pelas escrituras que Agostinho pensou e escreveu sua doutrina, mas seus escritos são fruto de muitas leituras, inclusive de vários autores católicos de sua época. O capítulo tratou, enfim, de temas como o homem, o pecado e de como a providência divina interage com a humanidade.

Indicações culturais

Livro

TEIXEIRA, E. F. B. **Imago trinitatis**: Deus, sabedoria e felicidade – estudo teológico sobre o De Trinitate de Santo Agostinho. Porto Alegre: EdiPUCRS, 2003.

Para um melhor aprofundamento sobre a teofania, abordada brevemente neste capítulo, indicamos a obra de Evilázio Francisco Borges Teixeira. Nessa obra, o autor dedica parte do segundo capítulo às teofanias divinas e à maneira como Agostinho trata esse tema.

Site

ECCLESIA. **A Santa Igreja Ortodoxa**. A Igreja Ortodoxa: Parte I. Disponível em: <https://www.ecclesia.com.br/biblioteca/igreja_ortodoxa/>. Acesso em: 2 jan. 2018.

Indicamos esse *site* para conhecer mais sobre a Igreja Ortodoxa, citada no início deste capítulo. Ele contém um amplo arquivo sobre a história dessa igreja.

Vídeos

ATTA MÍDIA E EDUCAÇÃO. **Santo Agostinho e Santo Tomás de Aquino**. Disponível em: <http://www.attamidia.com.br/produtos.php?/prd/95/santo-agostinho-e-santo-tomas-de-aquino/>. Acesso em: 3 jan. 2018.

Embora trate também de São Tomás de Aquino, é interessante acompanhar essa palestra, pois ela mostra de forma simples o vínculo da filosofia platônica com a filosofia de Agostinho e como este faz as devidas releituras de Platão. São Tomás de Aquino, por sua vez, retoma o pensamento de outro pensador grego: Aristóteles. Agostinho e Tomás de Aquino constituem pilares da Escolástica e ambos estão na base da constituição do cristianismo.

SANTO Agostinho. **Balanço do séc. XX. Paradigmas do séc. XXI.** São Paulo: TV Cultura. Programa de televisão. Disponível em: <https://www.youtube.com/watch?v=lAH3g_-DUQo>. Acesso em: 3 jan. 2018.

O vídeo é uma aula sobre Santo Agostinho com o professor Dr. Carlos Arthur Ribeiro do Nascimento, que possui doutorado em estudos medievais pela Université de Montréal (1976) e, atualmente, é professor da Pontifícia Universidade Católica de São Paulo (PUC-SP).

Atividades de autoavaliação

1. Sobre a obra *A Trindade*, de Santo Agostinho, assinale a alternativa correta:
    a) Foi escrita por volta dos anos 400 a 416, é resultado dos diálogos que Agostinho teve com seu amigo Evódio e sofreu muita resistência para ser aceita pelo clero.
    b) É considerada um monumento teológico da fé Católica e importante no sentido doutrinal da Igreja, porque foi escrita em forma de diálogos.
    c) Sua formulação coincidiu com a do dogma da Trindade, que ocorreu no ano de 325 com o Concílio de Niceia, momento em que se dirimiram todas as dúvidas acerca da Trindade.
    d) Nasceu após várias reflexões da Igreja; seu tema principal, inclusive, foi discutido em pelo menos dois concílios (Niceia e Constantinopla), antes mesmo de Agostinho contribuir para dirimir o máximo de dúvidas acerca da Santíssima Trindade.

2. De acordo com as ideias de Agostinho na obra *A Trindade*, marque V para verdadeiro e F para falso:

    (   ) *A Trindade* contém 15 livros e trata de questões sobre a substância e a essência de Deus e sobre Deus como Uno e Trino.

    (   ) Nessa obra, Agostinho quer chegar ao conhecimento de Deus e revelar, a partir de sua fé, que é possível encontrar a Deus na inteligência humana.

    (   ) A citação "Tarde te amei, Beleza tão antiga e tão nova, [...]! Eis que habitavas dentro de mim, e eu te procurava do lado de fora!" pertence à obra em questão.

    (   ) Nessa obra, Agostinho expressa sobre o que se pode denominar *imagem de Deus* e conclui: só a alma é a expressão de Deus.

3. Leia as afirmações a seguir sobre a obra *O Livre-Arbítrio*, de Santo Agostinho:

    I) Foi uma obra escrita em forma de diálogos, nos quais Agostinho relata suas conversas com Evódio, seu amigo e conterrâneo.

    II) Na obra, Evódio procura saber de Agostinho qual a origem do mal, e elabora a famosa questão: "Peço-te que me digas, será Deus o autor do mal?".

    III) Na obra, Agostinho apresenta a ideia de que a vontade desregrada é a causa de todos os males. Depois, conclui que se essa vontade estiver em harmonia com a natureza, esta certamente a salvaguardaria e não lhe seria nociva.

    IV) Na obra, Agostinho diz que Deus pode ser o autor do mal, mesmo sendo infinitamente bom.

    Estão corretas apenas as afirmativas:

    a) I, II e IV.
    b) II, III e IV.

c) II e III.
d) I, II e III.

4. A formulação definitiva do dogma da Trindade só ocorreu em 325, no Concílio de Niceia, depois de longas discussões e polêmicas. Nesse concílio, foram identificados e denunciados os perigos opostos de duas heresias, uma referente a Deus e outra a Jesus. Os nomes dados a essas heresias são, respectivamente:
    a) adocionismo e modalismo.
    b) binitarismo e adocionismo.
    c) modalismo e adocionismo.
    d) monarquismo e subordinação.

5. Em 1054, durante o *Grande Cisma* do Oriente, houve uma mútua excomunhão entre duas Igrejas. Há algumas diferenças entre elas, como a discordância quanto à utilização de imagens de santos e a decisão de seguir a orientação do Papa. Com Constantino como Imperador e a definição dos dogmas a partir do Concílio de Niceia, uma parte da Igreja passou a aceitá-los, enquanto outra os recusou. Assim, dogmas como Deus Trindade, Virgem Maria, Purgatório, Pecado Original, Imagens, Celibato e Hierarquia não se sustentavam entre ambos grupos. Até hoje existem as duas Igrejas.

    Quais são as duas Igrejas às quais esse texto se refere?
    a) Igreja Católica Apostólica Romana e Igreja Católica Apostólica Ortodoxa.
    b) Igreja Católica Apostólica Ortodoxa e Igreja Anglicana.
    c) Igreja Católica Apostólica Romana e Igreja Apostólica de Roma.
    d) Igreja Católica Anglicana e Igreja Ortodoxa Grega.

Atividades de aprendizagem

Questões para reflexão

1. Explique como podemos pensar a questão levantada por Agostinho sobre Deus ser Uno e Trino ao mesmo tempo; leve em consideração o debate sobre a substância.

2. Qual a diferença de compreensão da substância entre os gregos e os latinos?

3. Analise a afirmativa a seguir e responda se ela é verdadeira ou falsa, justificando sua resposta.

> Segundo Santo Agostinho, o Filho é a imagem e o homem é também a imagem de Deus.

4. Leia com atenção o excerto a seguir, a respeito da lógica de Tertuliano:

   > Do mesmo modo que os profetas são os patriarcas dos cristãos, os filósofos são patriarcas dos heréticos. Nem Platão, nem mesmo Sócrates, fazem exceção a essa regra. Basta constatar, aliás, os fatos para ver como a fé leva a melhor sobre a filosofia. O mais iletrado dos cristãos, se tem fé, já encontrou Deus, fala da sua natureza e das suas obras e responde sem hesitar a qualquer pergunta que lhe fazem a esse respeito, ao passo que o próprio Platão professa que não é fácil descobrir o artesão do universo, nem, uma vez encontrado, dá-lo a conhecer". (Gilson, 2001, p. 106-107)

   A partir do excerto apresentado, faça o que se pede a seguir:
   a) Elabore uma reflexão, em forma de um pequeno texto dissertativo, ressaltando as duas posições contrárias segundo as ideias de Tertuliano.

b) Especifique qual posição foi notória perceber durante a leitura deste primeiro capítulo e justifique sua resposta.

5. Na obra intitulada *O livre-arbítrio*, Agostinho relata suas conversas com Evódio, seu amigo e conterrâneo. Já no início do livro, Evódio lança sua pergunta: "Peço-te que me digas, será Deus o autor do mal?" (Agostinho, 1995; De lib. arb. I, 1, 1). Reflita sobre essa pergunta e contraste a resposta de Agostinho com o que geralmente o senso comum nos ensina.

6. Citando Minúcio Felix acerca de sua posição contra os filósofos gregos, Reale e Antiseri (2003b, p. 72) destacam o seguinte: "nós não sabemos o que fazer com a teoria dos filósofos; sabemos muito bem que são mestres de corrupção, corruptos eles próprios, prepotentes e, além do mais, tão descarados que estão sempre a clamar contra aqueles vícios nos quais eles próprios se afundaram". Reflita sobre esse pensamento de Minúcio Felix e elabore uma breve dissertação analisando se Agostinho compartilha ou não dessa ideia e se podemos dizer que esse é o pensamento geral dos cristãos, na atualidade, em relação à filosofia.

Atividade aplicada: prática

1. Realize uma pesquisa sobre as principais heresias que foram debatidas no Concílio de Niceia. Procure os dados históricos desse concílio e analise as argumentações levantadas e vencidas pela Igreja. Quais foram, concretamente, os resultados obtidos?

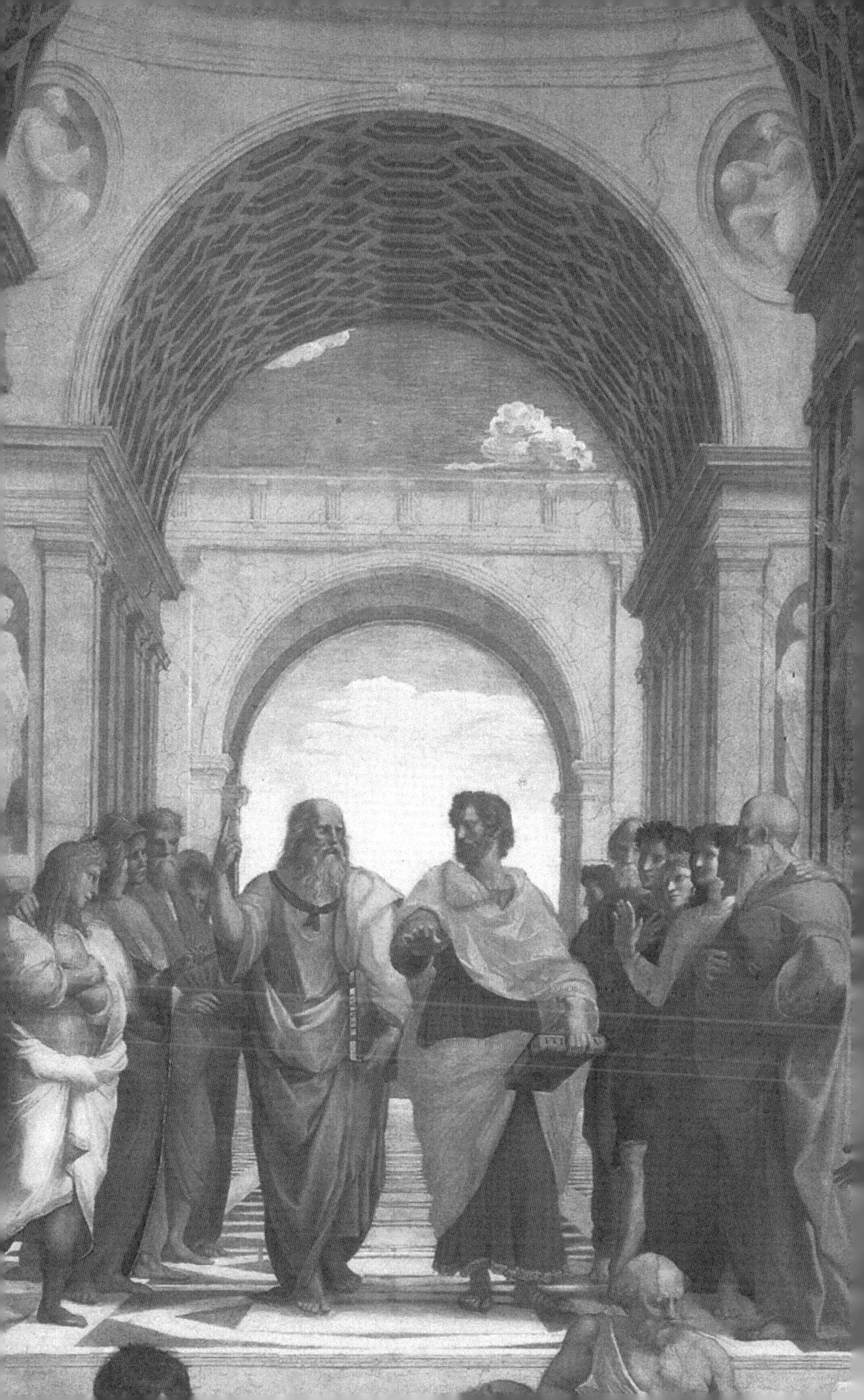

2

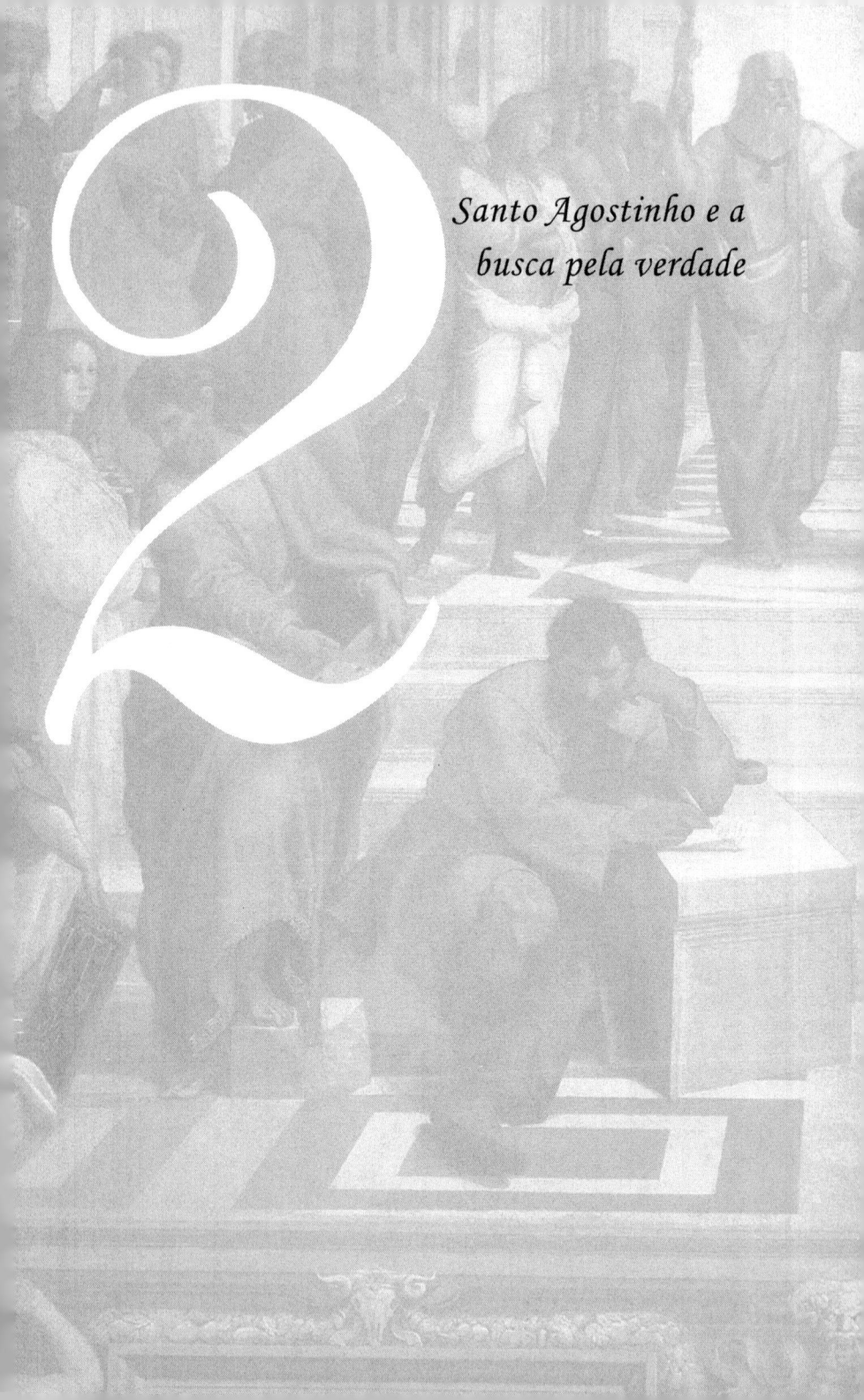

Santo Agostinho e a busca pela verdade

Neste capítulo, apresentamos a busca de Santo Agostinho por verdades que respondessem às suas indagações, às suas lutas interiores e ao seu desejo de saber sobre Deus. Na obra A cidade de Deus, ele descreve duas sociedades: de um lado, a cidade dos homens, em que seus habitantes buscam sua própria glória e pensam apenas em si; do outro, a cidade de Deus, habitada por aqueles que desprezam a si e buscam o amor de Deus. Em A cidade de Deus, Agostinho defende sua filosofia e sua teologia para demonstrar os erros de doutrinas como as de maniqueus, donatistas e pelagianos.

Abordamos, também, algumas ideias centrais da conversão de Agostinho e analisamos algumas de suas influências. No decorrer do capítulo, outras obras agostinianas são citadas para um melhor embasamento teórico do assunto e para contribuir com a compreensão de que a conversão de Agostinho, além de um percurso longo e histórico, foi marcada por sua construção literária e intelectual.

2.1
A obra A cidade de Deus

Podemos dizer que A cidade de Deus é uma resposta de Agostinho às blasfêmias ou aos erros de interpretação decorrentes da invasão de Roma pelos godos, chefiada pelo rei Alarico. Alguns tentaram responsabilizar a própria religião cristã pelos flagelos pelos quais passou Roma. Agostinho, porém, impelido pelo amor à verdade, decidiu escrever uma obra com vinte e dois livros para discutir melhor esses problemas. Os primeiros livros da segunda parte tratam da questão do culto da multidão de deuses que eram adorados pelos pagãos, que acreditavam que os males estavam acontecendo devido à proibição do culto aos seus deuses, por isso culpavam os cristãos, que não viam nessa prática uma adoração ao Deus verdadeiro.

Para Agostinho, esse era um dos erros que precisavam ser combatidos. Outro erro, ou blasfêmia, abordado nos primeiros livros de *A cidade de Deus* era a posição de que o culto de adoração aos deuses era importante para a passagem desta vida para outra, e que desgraças eram questões comuns que, "grandes ou pequenas, variam conforme os lugares, os tempos e as pessoas" (Pereira, 1996, p. 88). Essas questões são abordadas e combatidas nos dez primeiros livros, enquanto nos livros seguintes Agostinho apresenta novos argumentos sobre o que estava acontecendo.

Agostinho denunciava a falta de base teológica, mas também filosófica deles [maniqueístas, donatistas e pelagianos], sem falar da sua crítica contra as práticas religiosas pagãs, que voltavam a florescer depois de Clemente. [...] a cidade de Roma, que hoje completa seus 3.000 anos de existência, sofria, na época, dos seguintes males: uma política fiscal absurda; uma população ociosa que vivia de proventos gratuitos; centralização do poder de caráter totalitário; queda da taxa de natalidade devido ao amor à vida fácil; excesso de burocracia por parte do Estado; disputas sociais cada vez mais acirradas; impossibilidade de crescimento nas exportações; degradação do senso cívico dos cidadãos, que deixaram de mostrar interesse pela coisa pública para cuidar apenas de seus assuntos pessoais. (Greggersen, 2005, p. 69-70)

A consequência mais cabal dos problemas apresentados por Agostinho na citação acima foi o enfraquecimento de Roma e o fortalecimento dos ideais pagãos. Os cristãos estavam muito fragilizados em meio à confusão e ao combate religioso com outros grupos que estavam melhores preparados, inclusive filosoficamente, para debater questões de fé. Diante desse cenário, Agostinho decide escrever *A cidade de Deus* também com o intuito de fazer uma alusão aos acontecimentos históricos de sua época, desenvolvendo, além disso, a ideia de duas cidades, uma representando este mundo e outra – a que leva o nome da obra –, a cidade de Deus.

Os livros que compõem *A cidade de Deus* foram revisados por Firmo, presbítero de Catargo, que era uma espécie de editor de Santo Agostinho. Este escreve uma carta àquele explicando a organização de sua obra. Por ser demasiada extensa, Agostinha explica que não seria interessante editar a obra em apenas um volume, podendo ser dividida em dois tomos. Assim, no primeiro tomo, composto pelos dez primeiros livros, o autor combateria os erros e as blasfêmias, e nos demais, afirmaria a sua fé e sua religião. Na mesma carta, Agostinho dá outras sugestões de divisão da obra em mais tomos e sua respectiva distribuição.

Os conflitos que ocorriam na época entre os pagãos e os cristãos foram, então, preponderantes para que Agostinho interpretasse esses embates de uma forma dualística, levando-o a escrever sobre duas cidades ou sociedades. Segundo Agostinho, essas cidades ainda estão mescladas, até que no último juízo serão os homens separados em dois grupos: "o dos que vivem como ao homem apraz e o dos que vivem como apraz a Deus. Em linguagem figurada chamamos-lhes também duas cidades, isto é, duas sociedades de homens das quais uma está predestinada a reinar eternamente com Deus e a outra a sofrer um suplício eterno com o Diabo" (Agostinho, 2000; De civ. Dei XV, 1).

Agostinho se refere aos começos, seja dos anjos, seja dos primeiros homens. Ele deseja ilustrar que os conflitos entre as duas tem início quando uma passa a desejar mais a Deus, enquanto a outra se inclinou às vontades e aos amores humanos.

Se referindo aos primeiros homens, Agostinho (2000; De civ. Dei XV, 1) afirma que "Caim, o primeiro a nascer dos dois pais do gênero humano, pertence à cidade dos homens; e Abel, o segundo, pertence à cidade de Deus". Porque primeiro nascemos de Adão, por isso, maus e carnais, e somente renascendo em Cristo nos tornamos bons e espirituais. Dessa maneira, pelo nascimento e pela morte, podemos perceber a ideia das duas cidades: somos cidadãos da cidade dos homens quando nascemos; ao mesmo tempo, nascemos aqui neste mundo como estrangeiros de outro mundo, a cidade de Deus.

Isso não significa afirmar que todo aquele que nascer mau será bom; mas que para ser bom, deverá ter sido, antes, mau. Caim e Abel, mesmo nascidos dos mesmos pais, representam cada um uma das cidades identificadas por Agostinho. Não podemos atribuir à cidade dos homens o *status* de Estado, mas entendê-la como um grupo de homens que não têm a finalidade da própria vida baseada em Deus. Tanto Caim quanto

Abel são homens da mesma forma, o que os distingue é justamente o amor que conferem a Deus.

O duelo entre as duas cidades representadas pelos irmãos Caim e Abel indica que existem ódio e inimizade entre elas, em uma constante luta entre o bem e o mal. Assim, temos a estrutura da obra agostiniana pautada nas escrituras bíblicas, retratando a forma como vivem os homens e de como estes permanecerão sobre a Terra. Ao final, os homens são separados, no juízo, em uma alusão à parábola do joio e do trigo, ou à passagem da vinda de Cristo para separar as ovelhas dos bodes, como podemos verificar no livro de Mateus, capítulo 25.

Segundo Agostinho (2000; De civ. Dei XIV, 28), "dois amores fizeram as duas cidades: o amor de si até ao desprezo de Deus – a terrestre; o amor de Deus até ao desprezo de si – a celeste".

> Porque primeiro nascemos de Adão, por isso, maus e carnais, e somente renascendo em Cristo nos tornamos bons e espirituais .

Enquanto uma cidade valoriza a si mesma, a outra valoriza a Deus. É tênue a divisão entre as duas cidades, pois ela é determinada pelo amor que a humanidade é capaz de sentir e a quem atribui este amor. Gilson (1965, p. 43) explicita: "Quando fala de uma 'cidade' humana, Agostinho pensa, primeiramente, em Roma e em sua história, tal qual os escritores latinos lhe haviam ensinado", porque sua ruina foi devido a seus próprios vícios e injustiças.

É possível pensar em Roma, dessa maneira, a partir de uma injustiça, porque temos os conceitos de justiça em nossa mente, ou seja, aquilo que foi convencionado como tal. Nessa dualidade, podemos perceber a ambiguidade e, ao mesmo tempo, a complementação que ambas as partes podem promover. Portanto, a cidade humana, formada pelo egoísmo e pelo ódio, não significa o fim da humanidade, pois todos podem, por meio de Cristo, nascer para uma nova humanidade. Em Gálatas, vemos que a vida em Cristo proporciona a libertação do homem de qualquer diferença, pois "não há mais diferença entre judeu e grego, entre escravo e homem livre, entre homem e mulher, pois todos vocês são um só em Jesus Cristo" (Gl 3,28). Agostinho pensa o surgimento de um povo, de uma sociedade puramente religiosa, mas colocar em prática essa ideia é um grande desafio, principalmente em se tratando da sociedade romana de sua época.

O que são exatamente essas duas cidades? De acordo com Gilson (1965, p. 54), "são dois povos, cuja natureza se define pelo que amam. A palavra 'cidade' os designa já de maneira simbólica, mas podemos dar-lhes nomes ainda mais simbólicos: Jerusalém (visão de paz) e Babilônia (Babel, confusão)". De um lado, a cidade dos que amam a Deus, e do outro, "a cidade onde o homem esquecido de Deus se torna idólatra de si mesmo" (Marrou, 1989, p. 40). Assim, de forma simples, distinguimos essas "cidades" para que possamos continuar nossa reflexão sobre os combates que Agostinho travou de forma filosófica e teológica contra todos os tipos de heresias de sua época.

2.2
Combate às heresias

Como dissemos anteriormente, a vocação filosófica de Agostinho tem como fonte Cícero, especialmente das leituras de Hortênsio*. É a partir das leituras desse pensador que Agostinho, interessado pela filosofia, se aproxima do maniqueísmo, que buscava fundamentar uma verdadeira essência do cristianismo, e foi o racionalismo e o materialismo pregado por essa seita que atraiu a atenção de Agostinho, voltado às questões intelectuais. Mais tarde, ele também se afastou do maniqueísmo, por perceber que as ideias dos maniqueus estavam repletas de outros princípios heréticos que concebiam o bem e mal como substâncias separadas, e constituíam uma mistura de elementos gnósticos, cristãos e orientais sobre as bases do dualismo da religião de Zoroastro.

Em A cidade de Deus, podemos perceber a presença do maniqueísmo, ora sendo atacado por Agostinho, ora apresentado como uma ideologia. Para o jovem Agostinho, o maniqueísmo era interessante por associar Cristo a uma sabedoria mais espiritualizada. Ao buscar a verdade nos textos bíblicos, o pensador encontrou certa pobreza literária, procurando no maniqueísmo, portanto, uma versão mais intelectual do cristianismo. Seria possível, no entanto, cristianizar a doutrina maniqueísta? O que

---

* Livro que exortava ao estudo da filosofia, e podemos dizer que foi por ele que Agostinho despertou de algumas ilusões e iniciou sua busca pela verdade. Os efeitos que a obra Hortênsio causou em Agostinho não foram morais, mas intelectuais, pois a questão da moralidade de Agostinho estava arraigada no cristianismo. Sua decepção com os livros platônicos e mesmo com Hortênsio foi por não falarem de Jesus Cristo. Nessa obra em particular, Cícero abordou temas como renúncia da riqueza, honras e casamento, pois quem se casa não se pode dedicar à filosofia. Agostinho descobriu o significado de estar comprometido com a vida cristã e a forma como os monges se designam servos de Deus e se entregam a esse ofício, proporcionando uma analogia às renúncias que Cícero elencara em Hortênsio.

haveria de errado com os conceitos de mal e de dualismo apresentados pelos maquineus? Essas ideias marcaram a juventude de Agostinho e lhe deixaram marcas também na maturidade.

É certo que existe o mal e o bem no mundo, mas Agostinho não poderia mais aceitar a ideia de mal pensada pelos maniqueus, pois era uma ideia simplista, que dividia o mundo em duas realidades muito bem definidas. Pensar assim, segundo Agostinho, era ingenuidade ou intolerância diante da verdade. Dessa forma, Agostinho corrige as ideias do maniqueísmo e, para isso, não concede ao mal a influência do bem, afirmando que o homem é livre para resistir. Não é por negar ao mal a mesma força que o bem que Agostinho deixará de pensar que há, sim, uma dualidade no mundo, mas não um dualismo substancial, como pensavam os maniqueístas. Para Agostinho, o mal era o pecado, mas este não tinha forças para exterminar o bem.

> No que tange ao homem, este é uma substância e, como tal, é sempre algum bem, de tal sorte que se pode dizer que um homem mau é um bem mau. Há que se ter clareza, diz Agostinho, de que o homem nunca é mau por aquilo que *é*. Ora, um homem perverso não é mau por ser homem, tampouco é bom, uma vez que é perverso; há que se concluir que é bom, uma vez que é homem e é mau por ser perverso. Uma substância, mesmo corrompida, sempre será, enquanto substância, um bem. O pecado reside, pois, na separação estabelecida entre o que o homem *é*, enquanto criatura, e aquilo que ele quis ser, por vontade própria, pelo exercício do seu livre-arbítrio. (Vasconcelos, 2014, p. 33, grifo do original)

Para Agostinho, as ideias dos maniqueus eram pseudocristãs. Apesar de ensinarem uma crença na dualidade, como propunha Agostinho, erravam quanto à substancialidade do bem atribuída ao mal. Ora, tudo o que existe é bom e belo. Não era somente o maniqueísmo que necessitava ser combatido para que a unidade católica não se desfizesse, havia também os donatistas, que não economizaram forças para perseguir e insultar os católicos. "Os Donatistas tornaram-se numa seita antissocial. Já se não tratava de dissidentes religiosos, mas de bandos organizados para o crime, de que a sociedade tinha que se defender para sobreviver" (Pereira, 1996, p. 65).

Os donatistas não aceitavam que o sacerdote tivesse alguma participação na política ou no Estado, pois, assim, perderiam sua capacidade de desempenhar a função sacerdotal. Agostinho combatia essa heresia argumentando que tal função religiosa e pastoral não depende de características morais do sacerdote, pois é sempre Cristo que age através dele. Agostinho escreve uma obra intitulada *Contra Gaudentium* justamente para combater as ideias donatistas. Nessa obra, ele apresenta as suas argumentações de combate e reafirma que:

> Não é por negar ao mal a mesma força que o bem que Agostinho deixará de pensar que há, sim, uma dualidade no mundo, mas não um dualismo substancial, como pensavam os maniqueístas. Para Agostinho, o mal era o pecado, mas este não tinha forças para exterminar o bem.

> Se os donatistas não tivessem assaltados as casas dos católicos, se não tivessem incendiado as igrejas católicas, se não tivessem lançado ao mesmo fogo os santos livros dos católicos, se não tivessem afligido com tratos desumanos os corpos dos católicos, se não tivessem amputado os membros dos católicos e nem lhes arrancado os olhos, se finalmente não tivessem dado morte cruel aos católicos, então poderíamos dizer com toda verdade que só teríamos suportado de vós essa duríssima perseguição: ao vê-los insensatos, desfalecemos; ao vê-los debilitados, somos presa da debilidade; ao ver que haveis tropeçado, um fogo nos devora; ao vê-los perdidos, choramos. Estes males vossos que os conduzem à perdição eterna são uma perseguição para nós mais amargas que a que nos causais em nossos corpos, em nossos bens, nas casas e nas basílicas. (C. Gaud., I, 22,25, citado por Gonçalves, 2009, p. 105)

Agostinho consegue converter a posição dos donatistas de perseguidores para perseguidos, no sentido de que eles causaram muitos males aos católicos, mas o cristão entende que essa insensatez é fruto de uma debilidade tão grande que levaria os donatistas a uma eterna perdição. Para o cristão, é preferível o sofrimento no corpo que a perdição eterna, por isso, justifica-se o uso da força contra os donatistas, com o argumento de que seria para seu próprio bem. Segundo Gonçalves (2009, p. 110), "Agostinho reforça retoricamente a ideia de que o uso da força ocorre para o bem daqueles que são perseguidos. É esta convicção que vai permitir a Agostinho afirmar a legitimidade da coerção como uma obra de amor". Em seu caminho, Agostinho encontrou muitas outras ideias que também precisavam ser combatidas e melhores explicadas à luz da verdade.

> Podemos dizer que a doutrina pregada por Pelágio era totalmente oposta à de Agostinho, pois afirmava que o pecado original não é herdado por todos, era um erro apenas de Adão; portanto, ninguém teria a obrigação de pagar por este erro.

Outra heresia combatida por Agostinho foi o arianismo. Uma crise ariana estava se instalando em pleno século IV. Como vimos no primeiro capítulo, nem os concílios de Niceia e de Constantinopla foram suficientes para extinguir as heresias proclamadas pelos arianos. Para eles, o filho de Deus não tinha a mesma divindade do Pai, pois este criou aquele, o que os fazia pensar na temporalidade de Jesus contra a atemporalidade de Deus.

Sobre essa controvérsia ariana, ensina Gonçalves (2009, p. 51): "Ário, ordenado presbítero da Igreja de Alexandria em 310, afirmava que, sendo uno e indivisível, Deus não poderia conferir a sua essência a nenhum outro. Portanto, Cristo não poderia ser Deus no sentido pleno". Essa posição ariana era contestada por Agostinho, pois acarretava em não aceitar a Trindade como Deus, e mais, como mistério. "Agostinho parte da unidade de Deus, barrando assim o caminho ao arianismo, para captar na unidade a trindade das pessoas, que ele não vê como indivíduos distintos" (Mancuso; Pacomio, 2003, p. 768). Portanto, podemos afirmar que, para Agostinho, o valor da Trindade é muito mais amplo que chamar de *Tríplice* a unidade das três pessoas.

Outra intervenção de Agostinho contra as heresias foi em relação à doutrina pregada pelo monge Pelágio (por isso o nome de *pelagianismo*), que afirmava que o homem poderia obedecer à lei de Deus sem depender da graça, ideia com a qual Agostinho não concordava. Essa doutrina ganhou muitos adeptos, talvez por conceder à vontade humana uma grande importância. A salvação, para os pelagianos, portanto, não está atribuída ao Espírito Santo. Podemos dizer que a doutrina pregada por Pelágio era totalmente oposta à de Agostinho, pois afirmava que o pecado original não é herdado por todos, era um erro apenas de Adão; portanto, ninguém teria a obrigação de pagar por este erro.

Agostinho refuta Pelágio afirmando que o pecado de Adão é, sim, hereditário. Adão pecou, e utilizando-se das escrituras podemos confirmar a posição de Agostinho. Em Romanos, podemos ler: "assim como o pecado entrou no mundo através de um só homem e com o pecado veio a morte, assim também a morte atingiu todos os homens, porque todos pecaram" (Rm, 5,12). Assim sendo, a morte reina sobre todos, mesmo que não tenhamos cometido os mesmos erros de Adão.

Na continuidade do referido capítulo da Bíblia, uma referência sobre o dom da graça: "O dom da graça, porém, não é como a falta. Se todos morreram devido à falta de um só, muito mais abundantemente se derramou sobre todos a graça de Deus e o dom gratuito de um só homem, Jesus Cristo" (Rm, 5,15). Para Agostinho, o que salva o homem é a graça e não o seu mérito como acreditavam os pelagianos.

Toda a heresia pelagiana pode reduzir-se a uma única expressão: o homem não tem necessidade de Deus, nem de sua ajuda (a graça), para fazer o bem. O homem, na visão pelagiana, enquanto foi criado por Deus, depende dele. Uma vez no mundo, dotado de liberdade, constrói sozinho sua destinação eterna. (Rocha, 1989, p. 172)

O combate incisivo de Agostinho e seu esforço teológico no combate dessas heresias o coroaram com o título de "Doutor da Graça"*.

2.3
A conversão de Agostinho

A trajetória de Agostinho foi marcada pela presença de grandes figuras, a começar por sua mãe, Mônica, mulher de muita fé e que teve um papel importante na conversão do filho. Nas Confissões, Agostinho expressou seu amor por sua mãe dizendo:

> [...] minha mãe era a serva de todos os teus servos. Todos os que a conheciam louvavam, honravam e amavam profundamente a ti, por nela sentirem a tua presença, comprovada pelos frutos de uma vida santa. Tinha sido esposa de um só marido, tinha cumprido seu dever para com os pais, tinha governado a casa com dedicação e dado o testemunho das boas obras". (Agostinho, 1997; Conf. IX, 9)

Segundo a tradição da Igreja, a mãe de Agostinho rezou durante muitos anos pela conversão do filho. Filho de Mônica e Patrício, Agostinho nasceu em Tagaste, no ano 354, na Numídia (África), em uma região onde hoje se localiza a Argélia. Enquanto sua mãe era uma cristã fervorosa, seu pai se converteu somente ao final da vida. Nos estudos

---

* As contribuições de Agostinho sobre a temática da graça foram tão importantes que ele passou a ser chamado Doutor da Graça pela contribuição e compreensão do tema. Em 1298, foi reconhecido como Santo Doutor da Igreja Católica pelo Papa Bonifácio VIII.

de Agostinho, destacava-se a figura de Cícero, que passou a ser um ponto de referência para ele. Começou a ensinar na mesma cidade em que nasceu, depois Catargo e, por fim Roma, onde viveu durante um tempo até ser transferido para Milão e depois voltar à África. Sua conversão aconteceu no ano de 386, e em 387 foi batizado por Ambrósio. Podemos dizer que sua conversão é uma "transição do mundo antigo para o medieval" (Pirateli, 2003, p. 328), assim, identificamos nele uma mudança do comportamento de uma vida antes pagã para a consolidação do pensamento cristão.

Foi a filosofia que despertou Agostinho para o amor pela sabedoria, mas não foi por meio dela que ele encontrou Cristo. Sua relação com Ambrósio foi preponderante em sua caminhada religiosa. Agostinho o admirava por sua eloquência e intelectualidade. A fama de Ambrósio era tal que "chegou até a excomungar o Imperador Teodósio, quando este, em 390, ordenara um massacre em Tessalônica" (Pirateli, 2003, p. 330). Teodósio era o imperador mais poderoso da época, reconheceu seus erros e expiou sua ação em público. Agostinho estava imerso em ambiente cristão. Em Roma, também encontrou círculos religiosos com reflexões acaloradas.

Ambrósio tornou-se o mentor de Agostinho, que encontrou finalmente no bispo um intelectual à sua altura. Ambrósio tivera uma bem-sucedida carreira na administração pública imperial romana, antes de sua conversão ao cristianismo na meia idade. Impregnado de erudição no grego clássico, foi o primeiro Doutor Latino da Igreja. Agostinho não podia ter conhecido alguém como ele em Cartago, e muito menos ainda em Tagaste. (Matthews, 2007, p. 22)

Graças a sua nomeação para professor de retórica em Milão, pôde conhecer Ambrósio, e Agostinho relata que foi muito bem recebido, de forma até paternal. Não demorou para que as palavras dos sermões de Ambrósio adentrassem o coração de Agostinho e o fizessem pensar melhor sobre suas crenças. Foi assim que, então, ele rompeu com o maniqueísmo, pois essa doutrina já não era mais capaz de responder todos os seus questionamentos, principalmente sobre a questão do mal. A admiração de Agostinho pelos sermões de Ambrósio se devia mais pela retórica e técnica do que simplesmente pelo conteúdo, mas isso foi apenas no começo. Depois, foi convencido que as verdades reveladas pela razão, apresentadas pelos maniqueus, estavam abaixo das verdades reveladas pela fé. Agostinho passa, então, a acusar o método de interpretação literal que os maniqueus desenvolveram, o que, para ele, não passava de um método equivocado baseado no Antigo Testamento.

> O contato com o pensamento neoplatônico permitiu a Agostinho pensar o imaterial como possibilidade. Portanto, sua conversão ao cristianismo teve como ponte o neoplatonismo.

Os sermões de Ambrósio sobre as formas de interpretação literal da Bíblia não saíam da cabeça de Agostinho. O bispo, certamente citando o apóstolo Paulo, frequentemente dizia que "[...] a letra mata e o espírito é que dá a vida" (2Cor 3,6). Essa ideia serviu para que Agostinho aceitasse o sentido alegórico da Bíblia e a autoridade da Igreja. Ele compreendeu que pensar em sentido literal aquilo que estava em sentido figurado era nada mais que uma interpretação carnal. Essa perspectiva foi determinante para a conversão de Agostinho, fazendo com que aceitasse cada vez mais as verdades presentes no cristianismo.

De acordo com Pirateli (2003, p. 331):

Os encontros com o bispo Ambrósio, em meio ao processo de sua conversão, abriram caminho para as outras duas situações que Agostinho viveu em Milão. A primeira se deu na adoção da filosofia neoplatônica, visto que já a conhecia, em virtude de sua formação de retórico (Gilson, 1998) – principalmente de estudo de autores como Plotino e Porfírio.

O contato com a filosofia neoplatônica contribuiu para modificar a perspectiva materialista que Agostinho ainda alimentava. Com o neoplatonismo, pôde reformular novas concepções, pois antes só conseguia pensar em Deus tentando atribuir a ele alguma corporeidade, já que lhe parecia impossível pensar em algo que não fosse material. Foi nesse momento que ele pôde perceber que o ensinamento dos maniqueus, apresentando o bem e o mal como substâncias, não poderia ser sustentado. O contato com o pensamento neoplatônico permitiu a Agostinho pensar o imaterial como possibilidade. Portanto, sua conversão ao cristianismo teve como ponte o neoplatonismo.

De acordo com Pirateli (2003, p. 332), "segundo o pensador [Agostinho], a filosofia havia revelado muitas 'verdades' e auxiliado em sanar dúvidas com relação a mistérios, como o imaterial, o conhecimento, ideias, entre outros". A filosofia não foi o motivo precípuo de sua conversão, mas foi o caminho para que chegasse ao cristianismo. Assim, com a conversão e o conhecimento do cristianismo, ele conseguiu acalmar as indagações interiores que o incomodavam.

Dez anos após sua conversão, Agostinho escreve as *Confissões*, obra abordada no próximo tópico. Esses escritos são considerados narrações autobiográficas, em que ele relata suas inquietações interiores e suas meditações por meio da palavra de Deus. Na verdade, é um espelho da alma de Agostinho sobre os relatos de seus erros e de como encontrou a verdade em seu caminho. Sua conversão ocorreu aos 32 anos, no ano 386. Cinco anos mais tarde, ele fora ordenado sacerdote pela pressão popular, e depois de outros cinco anos, em 396, fora ordenado bispo de Hipona. Ele presenciou alguns acontecimentos históricos em sua época, como o fim do Império Romano e da Antiguidade Clássica, a invasão de Roma pelos visigodos e o Cerco de Hipona*, deixando-nos um grande legado literário a partir de sua conversão.

A partir do ano de 380, por obra de Teodósio I, Agostinho presenciou o cristianismo tornar-se religião oficial do Império; e pelas mãos de Alarico, viu a queda da cidade de Roma no ano de 410. Agostinho, como dissemos anteriormente, foi uma presença importante no combate às heresias, sendo considerado um dos mais importantes Padres da Igreja. Morreu no ano de 430, aos 76 anos.

De acordo com Pirateli (2003, p. 333): "Outro fator que colaborou para a transformação da vida de Agostinho foi o contato com *A Vida de Santo Antão*, escrita por Santo Atanásio, onde Agostinho encontrou, na conversão de Antão, um exemplo de decisão, frente a uma mudança tão radical". Com tantas influências e modelos, Agostinho se tornou um exímio estudioso da fé, o que lhe garantiu uma ampla fama por toda a África.

A conversão de Agostinho possibilitou nascer uma nova filosofia cristã, uma nova forma de olhar e interpretar o próprio cristianismo, partindo de uma fé bem fundamentada, cujo motor propulsor foi a cristianização do pensamento platônico e neoplatônico. Assim, Agostinho alcançou uma nova configuração filosófica e teológica, discutindo a questão da fé com o auxílio da razão, mas deixando sempre muito claro que a fé precede a razão. Por isso, sua filosofia cristã ficou conhecida como *Credo ut Intelligam* e *Intelligo ut Credam* (Crer para compreender e compreender para crer).

---

* Este cerco ocorreu em 430 e foi liderado pelo rei Genserico, que ordenou que os vândalos se instalassem no norte da África.

2.4
A obra Confissões

Como explicitado no tópico anterior, Confissões foi escrita dez anos após a conversão de Agostinho e reflete a alma desse pensador, que falava de si continuamente: "sua obra-prima são exatamente as Confissões, nas quais não se fala amplamente dos seus pais, de sua terra, das pessoas que lhe eram caras, mas também põe a nu seu espírito em todos os seus mais recônditos cantos e em todas as tensões íntimas de sua 'vontade'" (Reale; Antiseri, 2003b, p. 89). Agostinho faz descobertas de seu eu, seu íntimo, sua pessoa, em meio a tantas lutas contra sua própria vontade e a vontade de Deus.

Na busca de si mesmo, Agostinho vale-se da "fórmula de gênese socrática que se tornou famosa com o Alcibíades de Platão, segundo a qual o homem 'é uma alma que se serve de um corpo'" (Reale; Antiseri, 2003b, p. 89). Nele teremos, porém, novos conceitos para o corpo e para a alma a partir da ideia da criação e de como o cristianismo pensa a questão da encarnação de Cristo, sua morte e ressurreição. Segundo Agostinho, diferentemente da filosofia socrático-platônica, há mais valor no corpo do que simplesmente ser uma prisão para a alma.

Entretanto, o que mais nos importa neste tópico é falar sobre o homem, este ser, segundo Agostinho, feito à imagem de Deus. Para chegar a essa conclusão, Agostinho atravessou um longo caminho até ter um conhecimento maior de si mesmo. Na adolescência, viveu suas paixões, aventuras e erros e teve aversão ao cristianismo. Para tentar solucionar suas dúvidas interiores e conhecer-se melhor, juntou-se a seitas religiosas. Porém, quando adulto, reconheceu que durante todo o tempo estava sendo guiado pelas mãos de Deus.

Em sua juventude, pôde constatar que "não gostava do estudo e detestava ser obrigado a ele. No entanto, eu era a isso obrigado, e para o meu bem. Mas eu não agia bem, pois só estudava quando coagido. Contra a vontade, ninguém procede bem, ainda que a ação em si mesma seja boa" (Agostinho, 1997; Conf. I, 12). Ele percebia que Deus era capaz de tirar bom proveito em tudo, mesmo quando fazia as coisas por obrigação ou sem vontade, pois acreditava que Deus, por intermédio dos que estavam à sua volta, lhe queria somente o bem. Nas *Confissões*, ele relembra seus erros, não para sentir-se bem ou mal com isso, mas para recordar da misericórdia de Deus. Desde os 16 anos, Agostinho sentia desejo em satisfazer-se com "coisas baixas" e entregar-se a "várias paixões" (Agostinho, 1997; Conf. II, 3). Ele queria agradar aos outros e a si mesmo, ou seja, ainda não ardia nele a chama pelo amor a Deus e a disposição para as renúncias que esse amor exigia.

Mais tarde, a respeito de sua juventude, Agostinho confessa: "desandei longe de ti, meu Deus, e na minha adolescência andei errante sem teu apoio" (Agostinho, 1997; Conf. II, 10). Ele compreende que todo o seu sofrimento na adolescência poderia ter sido sanado se tivesse esperado e aspirado a Deus no lugar de satisfazer seus próprios desejos. Sua mãe, nesse sentido, teve papel muito importante. Agostinho relata que ela sabia desde cedo sobre os caminhos que ele passaria, mas permitia que ele seguisse cada caminho com a esperança de sua transformação em um novo homem, moldado pela própria vida, e foi o que ocorreu.

Quando jovem, como dissemos, Agostinho não procurava nada mais que a satisfação dos seus vícios e pecados, surdo e incapaz de encontrar a voz de Deus que poderia guiá-lo. Ao escrever suas confissões, Agostinho tem consciência de que tudo isso não passava da graça de Deus agindo.

Ensurdecera-me o ruído das cadeias da minha mortalidade, justo castigo à soberba da minha alma, e eu me afastava cada vez mais de tí; e tu o permitias. Eu me agitava, me dissipava, ardia nas paixões da carne; e tu calavas. Ó alegria que tão tarde encontrei! Tu calavas, e eu de tí me afastava, multiplicando as sementes estéreis do sofrimento, em degradação insolente e inquieto esgotamento. (Agostinho, 1997; Conf. II, 2)

Sua vida adulta lhe possibilitou olhar para trás e perceber aquilo que ele chama de "graça", ou seja, a mão de Deus agindo, mesmo quando silenciosamente. Para Agostinho, sua juventude cheia de vícios está morta, pois não conseguia, quando jovem, conceber a essência divina e a busca da verdade lhe era muito difícil. Sua dificuldade era determinada, em grande parte, pela impossibilidade de pensar outra substância além daquela que os olhos viam. A alma assume e adquire a certeza de si mesma, mas só quando a pessoa assume a própria história e reconhece que necessita da graça para essa transformação.

O livro 8 das Confissões, *que trata a conversão moral de Agostinho, é o ponto culminante da obra. Quase todo o ciclo pintado através de toda a história da vida de Agostinho contém uma descrição da conversão no Jardim de Milão. A cena descreve Agostinho chorando debaixo de uma figueira. Ouve as palavras "tolle, lege; tolle lege", e as recebe como uma admoestação divina, no sentido agostiniano técnico, para que tome em suas mãos a Escritura. Lê Romanos 13, 13: "Nada de comilanças e bebedeiras, nada de luxúria e libertinagem; nada de invejas e rivalidades. Pelo contrário, revesti-vos de Jesus Cristo, o Senhor, e não fomenteis vossos desordenados apetites".* (Strefling, 2007, p. 269)

Discute-se com frequência qual foi a motivação maior para a conversão de Agostinho, se o cristianismo ou o neoplatonismo. Nesse sentido, como assevera Strefling (2007, p. 269): "Ficou para Pierre Courcelle (1950) mostrar que a conversão foi a ambos. Na vida de Agostinho, teve lugar uma conversão, nesse momento. Disso não cabe a menor dúvida". Porém, a forma platônica "foi superada por Santo Agostinho com a sua doutrina da Iluminação" (Nunes, 1978, p. 219). Deus age diretamente na mente humana. É Deus que permite ao homem encontrar a si mesmo e a sua felicidade. Mesmo com todas as discrepâncias levantadas pelos historiadores acerca da conversão de Agostinho, o ponto comum nesta historicidade é a cena no jardim de Milão, onde Agostinho teve uma experiência que mudaria completamente os rumos de sua vida.

Agostinho, então com 32 anos, chorava nos jardins de sua residência em Milão. Uma angústia lhe assaltava o coração, pois queria encontrar um sentido para a sua vida e para as questões que o incomodavam. De repente, escuta uma voz infantil, que entoava a seguinte mensagem: toma e lê, toma e lê. Seu choro foi cortado pela curiosidade de saber de onde vinha tal voz; poderia ser uma cantiga de criança, mas não conhecia a canção, e interpretou o evento como uma ordem divina para abrir a Bíblia e ler as primeiras páginas que lhe aparecesse. As primeiras palavras lhe prenderam a atenção foram as do apóstolo Paulo: "vivamos honestamente, como em pleno dia: não em orgias e bebedeiras, prostituição e libertinagem, brigas e ciúmes" (Rm 13,13). Ao terminar de ler, tinha compreendido a mensagem: "Mal terminara a leitura dessa frase, dissiparam-se em mim todas as trevas da dúvida, como se penetrasse no meu coração uma luz de certeza" (Agostinho, 1997; Conf. VIII, 12). Depois disso, correu para os braços de sua mãe para lhe contar o ocorrido. Não teria outra pessoa melhor para contar que a mãe, que rezava há muitos anos para que esse dia chegasse.

Por fim, o caminho que Agostinho aconselha nas *Confissões* é o caminho da humildade: "a humildade não se aprende em livros de filósofos" (Agostinho, 1997; Conf. VII, 20), mas na contemplação das Escrituras, as quais ele se refere como "teus livros". Queria ser considerado um sábio, mas percebeu que todo o conhecimento poderia ter sido muito profícuo se tivesse se formado antes pelas Escrituras Sagradas. E foi assim que Agostinho se lançou nas leituras de Paulo e encontrou no apóstolo um caminho firme para seguir e conhecer a Jesus Cristo e a si mesmo, pois:

> *O homem exterior muda – seja pelo progredir do homem interior, seja por sua própria debilidade. No primeiro caso, será para se transformar inteiramente para melhor, até vir o som da trombeta final quando reencontrará sua integridade. Nunca mais se corromperá nem prejudicará os outros. No segundo caso, cairá no plano das mais corruptíveis das belezas, isto é, no plano dos castigos.* (Agostinho, 2002b; De vera rel. 41, seção 77)

Tendo se reconhecido como um novo homem. Agostinho proclama, nas *Confissões*, uma de suas frases mais conhecidas: "Tarde te amei!" Quando reconhecemos que aquilo que precisamos está justamente dentro de nós, reencontramos nossa integridade como pessoa e mesmo uma pessoa melhor, que é capaz de viver conforme as Escrituras e, assim, encontrar sua felicidade e verdade tão sonhadas.

Síntese

Neste capítulo, vimos que, além das obras de Santo Agostinho trabalhadas no primeiro capítulo, outras também tiveram destaque para tratar o tema da *verdade*. Diante das indagações que recebia, Agostinho não poderia responder de qualquer maneira, mas de uma forma racional, que convencesse, portanto, seus interlocutores. Em defesa da fé católica escreve *A cidade de Deus,* distinguindo a história de duas cidades, a de Deus e a dos homens. Verificamos também que Agostinho bebe das fontes de Cícero, em particular da obra *Hortêncio,* leitura que lhe possibilitou aproximar-se da filosofia ao mesmo tempo que se distanciava das doutrinas apresentadas pelo maniqueísmo.

Vimos ainda que Agostinho escreveu outras obras também com o objetivo de combater as heresias que se levantavam. Um exemplo é *Contra Gaudentium,* escrita para combater as ideias pregadas pelos donatistas. Em sua trajetória, além de nomes importantes de filósofos e teólogos, Agostinho conta também com sua mãe, que colaborou muito para que sua conversão se concretizasse. Dez anos após a sua conversão, ele escreve a obra *Confissões,* na qual coloca a sua alma, seus desejos, sua vontade e narra sua vida. Ao final, como lição, ensina que, acima de tudo, a humildade é o melhor caminho para se chegar aos outros e também um caminho para se chegar a Cristo.

Indicações culturais

Filmes

> SANTO Agostinho = AGOSTINO d'Ippona. Direção: Roberto Rosselini. Itália, 1972. 115 min.
> O filme retrata a biografia de Santo Agostinho, um dos mais importantes nomes do cristianismo. Com rigor histórico, Rossellini

focaliza o momento em que Agostinho se torna bispo de Hipona, seu combate aos heréticos donatistas, sua famosa oratória, suas ideias e a produção de suas obras. Esse é um dos melhores trabalhos de Rossellini e uma oportunidade imperdível de conhecer um pouco mais sobre a vida e a obra de Agostinho. É uma produção de 1972, com áudio em português e italiano da Editora Paulinas.

SANTO Agostinho: o declínio do Império Romano. Direção: Christian Duguay. Itália: Warner Home Video, 2010. 200 min.
Da Editora Paulinas, esse é outro grande clássico, que situa-se na fase crucial do declínio do Império Romano. Apresenta a história de Agostinho, que, aos 70 anos de idade, narra a história de sua juventude, seus excessos e suas transgressões, a crise existencial que o levou à conversão, seus confrontos com o bispo Ambrósio e a persistente ação de sua mãe, Santa Mônica. Dirigido por Christian Duguay, o filme foi lançado em 2010.

Livros

AGOSTINHO, Santo. **A cidade de Deus**. Tradução de J. Dias Pereira. 2. ed. Lisboa: Fundação Calouste Gulbenkian, 2000. v. 2.

AGOSTINHO, Santo. **A cidade de Deus**. radução de J. Dias Pereira. 2. ed. Lisboa: Fundação Calouste Gulbenkian, 1996. v. 1.

AGOSTINHO, Santo. **Confissões**. São Paulo: Paulus, 1997. (Coleção Patrística, v. 10).

É imprescindível a leitura das obras *A cidade de Deus* e *Confissões*. Ambas podem ser encontradas em diversas versões e idiomas. E não há uma melhor forma de aprofundar no pensamento de um autor que ler suas próprias obras.

Atividades de autoavaliação

1. Sobre a obra *A cidade de Deus*, de Santo Agostinho, assinale a alternativa correta:

    a) Foi escrita com objetivo de mostrar que a religião cristã era a real culpada pelos flagelos pelos quais passou Roma, causados pelo rei Alarico.

    b) Contém 15 livros que tratam da questão do culto da multidão dos deuses que eram adorados pelos pagãos.

    c) Teve seu texto revisado por Firmo, presbítero de Catargo, que era como um editor de Agostinho.

    d) Agostinho escreveu tal obra baseado na inexistente luta entre o bem e o mal, e criou esta ficção para realçar as crenças cristãs.

2. De acordo com as ideias de Agostinho na obra *A cidade de Deus*, marque V para verdadeiro e F para falso:

    ( ) Gilson explicita que, quando fala de uma cidade humana, Agostinho pensa, primeiramente, em Roma e em sua história.

    ( ) A palavra *cidade* faz referência a dois povos, mas podemos dar-lhes nomes ainda mais simbólicos: Jerusalém (visão de paz) e Babilônia (Babel, confusão).

    ( ) Podemos perceber em toda a obra *A cidade de Deus* a presença do maniqueísmo, ora sendo atacado por Agostinho, ora apresentado como uma ideologia.

    ( ) Encontrando pobreza literária nos textos bíblicos, Agostinho buscou no maniqueísmo, a princípio, uma versão mais intelectual do cristianismo.

3. Leia as afirmações a seguir acerca do maniqueísmo e responda o que se pede.

   I) Era uma mistura de elementos gnósticos, cristãos e orientais sobre as bases do dualismo da religião de Zoroastro.

   II) Era uma doutrina interessante por associar Cristo a uma sabedoria mais espiritualizada, apresentando uma versão mais intelectual do cristianismo.

   III) Dividia o mundo em duas realidades muito bem definidas, o que levou Agostinho a adotar essa ideia e levá-la às bases do cristianismo até o fim.

   IV) Segundo Agostinho, as ideias sobre o bem e o mal eram equivocadas quanto a substancialidade do bem atribuída ao mal pelos maniqueus.

   Estão corretas apenas as afirmativas:
   a) I, II e IV.
   b) II, III e IV.
   c) II e III.
   d) I, II e III.

4. Qual dos nomes a seguir **não possui** relação de proximidade ou influência na vida filosófica ou espiritual de Santo Agostinho?
   a) Alarico.
   b) Platão.
   c) Cícero.
   d) Ambrósio.

5. Leia a citação a seguir e assinale a alternativa que apresenta o nome da cidade cujas características, à época de Agostinho, eram as seguintes:

A cidade [...] sofria, na época, dos seguintes males: uma política fiscal absurda; uma população ociosa que vivia de proventos gratuitos; centralização do poder de caráter totalitário; queda da taxa de natalidade devido ao amor à vida fácil; excesso de burocracia por parte do Estado; disputas sociais cada vez mais acirradas; impossibilidade de crescimento nas exportações; degradação do senso cívico dos cidadãos, que deixaram de mostrar interesse pela coisa pública para cuidar apenas de seus assuntos pessoais. (Greggersen, 2005, p. 69-70)

a) Catargo.
b) Roma.
c) Cidade dos homens.
d) Babel.

Atividades de aprendizagem

Questões para reflexão

1. Qual a relação da obra *A cidade de Deus* com os primeiros homens, especificamente Caim e Abel?

2. Segundo o pelagianismo, o homem não necessita da graça, concedendo à vontade humana grande importância. Afirma ainda que o pecado original não é uma herança de todos, mas somente da pessoa de Adão. Comente essas afirmações com base nas ideias de Agostinho.

3. Comente sobre a importância da obra *Confissões* para os católicos e a tradição cristã.

4. Leia a seguinte afirmação:

> Foi pela filosofia que Agostinho se despertou pelo amor a sabedoria, mas não foi por ela que encontrara Cristo.

Você concorda com essa afirmação? Discuta com seus colegas e anote suas conclusões.

5. De acordo com seu entendimento, comente a seguinte confissão de Agostinho: "Desandei longe de ti, meu Deus, e na minha adolescência andei errante sem teu apoio" (Agostinho, 1997; Conf. II, 10). Expresse e justifique sua resposta.

Atividade aplicada: prática

1. Assista ao filme *Santo Agostinho – Agostino d'Ippona* de Roberto Rosselini, e elabore uma resenha sobre os combates de Agostinho às heresias donatistas, destacando pelo menos duas ações do filósofo que mais lhe chamaram a atenção durante o filme.

3

A felicidade humana

*A*o longo da história da filosofia, desde a Grécia Antiga até os dias de hoje, diferentes pensadores se debruçaram sobre um tema central da vida humana: a felicidade.

Boécio (480-524), ou Anício Mânlio Torquato Severino Boécio, figura importante no surgimento da Idade Média, dedicou-se à escrita da obra *A consolação da filosofia* (524), e nela, mais especificamente no livro III, buscou reunir diálogos e reflexões que ele e a Senhora Filosofia* tiveram sobre a felicidade. Neste capítulo, apresentamos um panorama sobre essa obra, evidenciando suas principais reflexões sobre o tema da *felicidade*, bem como sobre o problema do mal.

Para isso, reunimos elementos que nos permitissem compreender de que maneira o último filósofo dos romanos e primeiro dos escolásticos trata a questão da felicidade. Tendo essa questão como norteadora, contextualizamos o pensamento, a relevância e os principais conceitos da filosofia de Boécio, até chegarmos ao final de sua obra, em que surge Deus como a própria essência da felicidade que ele tanto buscou.

3.1
A consolação pela filosofia

A obra mais famosa de Boécio, intitulada *A consolação da filosofia*, foi escrita por volta do ano 524, quando o filósofo e ministro do Rei Teodorico estava preso acusado injustamente por crimes de traição. Essa obra é um dos livros mais conhecidos de Boécio, exercendo forte influência sobre o pensamento e a espiritualidade da Idade Média. "O sucesso de Boécio não é um efeito do acaso. Ele próprio se atribuíra esse papel de intermediário entre a filosofia grega e o mundo latino" (Gilson, 2001, p. 161). Vale ressalvar que Boécio era cristão, e sua obra passou a ser conhecida, sobretudo, após sua morte, atraindo importantes

---

* Quando o texto estiver se referindo à musa consoladora que visita Boécio na prisão, utilizaremos a grafia *Senhora Filosofia* ou simplesmente *Filosofia* com a inicial maiúscula para se referir a ela. Nos demais casos, ao referir aos seus conteúdos, usaremos apenas *filosofia*.

filósofos que apreciavam suas ideias e professavam a fé e a religião cristã na Idade Média.

> Suas obras de filósofo e as do teólogo que ele não hesitou em ser na sua maioria atravessaram os séculos. Elas alimentaram a reflexão europeia durante toda a Idade Média e a Renascença. A escolha de assuntos tratados por Boécio parece sempre ter sido determinada pelo seu amor a Roma, à latinidade e pela preocupação de se armar melhor para resistir aos tempos sombrios. (Fumaroli, 1998, p. 8)

Escrita em prosa e verso, *A consolação da filosofia* retrata o diálogo entre a Senhora Filosofia, representada por uma mulher com olhos fulgurantes e penetrantes, que irá consolar Boécio dos seus infortúnios, levando-o à compreensão da verdadeira felicidade. Gozando de riquezas, poder e boa sorte, o filósofo vivia seu auge, no entanto, tomado pelo infortúnio, passa a ser acusado de lutar a favor do imperador de Bizâncio e de conspirar contra Rei Teodorico. A partir daí, experimenta um declínio irreversível, torturante e angustiante, e após ser afastado de Roma, onde viveu a glória, é enviado a Pavia, onde foi preso, estrangulado e espancado até a morte.

> A admiração que essa obra latina do século VI suscitou ininterruptamente desde então não deve nada, ou deve muito pouco, às circunstâncias "trágicas" de sua composição. Trata-se de uma obra-prima da literatura e do pensamento europeu; ela se basta, e teria o mesmo valor se ignorássemos tudo a respeito daquele que a concebeu entre duas sessões de tortura, à espera de sua execução.
> (Fumaroli, 1998, p. 7)

> Escrita em prosa e verso, *A consolação da filosofia* retrata o diálogo entre a Senhora Filosofia, representada por uma mulher com olhos fulgurantes e penetrantes, que irá consolar Boécio dos seus infortúnios, levando-o à compreensão da verdadeira felicidade.

A referida obra está dividida em cinco livros, que envolvem as exortações da Senhora Filosofia sobre as desilusões de Boécio, visando conformá-lo de seus infortúnios e orientá-lo sobre como os males humanos impedem de encontrar o bem supremo: a felicidade. O primeiro livro retrata Boécio encarcerado, ciente da sua inocência, aguardando, abatido e desolado, por ser vítima de uma conjuração. Diante das lágrimas e dos pensamentos acerca do fim que sua vida reservara, é surpreendido por uma mulher que lhe questiona sobre as musas da poesia que o seduziam com palavras. Segundo essa mulher, tais musas conduziam reflexões que acostumam os homens ao mal em vez de libertá-los. Segundo Boécio (1998, p. 5; Livro I, Cap. 1):

> *Quem permitiu a estas impuras amantes do teatro aptoximarem-se deste doente? Elas não só não podem remediar a sua dor como vão ainda acrescentar-lhe doces venenos. São elas que por lamentos estéreis das paixões matam a acuidade da Razão, fazem com que a alma humana se acostume à dor e não a deixam mais sossegada.*

Após reconhecer que a mulher se tratava da própria Senhora Filosofia, Boécio escutou em silêncio as orientações que ela lhe transmitia. Ela o fez compreender que ele tinha se esquecido de si mesmo, entregando-se à cegueira do acaso. A mulher mostra-se zangada pelo fato de Boécio ter se esquecido da própria filosofia, pois esta seria importante, sobretudo, diante dos seus infortúnios e angústias na prisão.

No segundo livro, é possível identificar importantes orientações feitas pela Senhora Filosofia a fim de exortar o filósofo a conformar-se às vicissitudes e resolver de forma eficaz os males que o afligem. Os males são classificados como aqueles que, em aparência, são favoráveis aos homens, mas que só trazem soluções aberrantes por não terem condições de levar o homem à verdadeira felicidade.

Ao longo do segundo livro, a Senhora Filosofia aponta diversos caminhos que constantemente apresentam-se à vida humana, e que pretensiosamente prometem conduzir a uma meta, mas que é falsa e sujeita ao acaso. Assim, ao buscar seu fim último, ou seja, a felicidade, o homem se depara com "infinitas coisas que privam os mais afortunados da felicidade perfeita (Reale; Antiseri, 2003b, p. 140)", tais como honras, riquezas, prazeres, poder, glória, que cegam e o desviam de considerar os grandes e numerosos bens que usufrui.

A partir das intervenções feitas pela Senhora Filosofia, fica clara a caracterização de uma felicidade que não se constitui a partir dos interesses externos a nós; ao contrário, está integralmente dentro, mantendo-se intacta, e é nosso maior patrimônio. Esse contexto é o cerne da obra, pois são nessas considerações que reside de fato a consolação da filosofia, uma vez que os diálogos versam sobre o destino de Boécio, que tantas vezes ignorou a abundância do bem mais precioso que alguém pode ter: a conservação da vida.

É justamente a conservação da vida que garante a esperança no futuro e a continuidade da felicidade. Ainda que haja lamentos da má-sorte, o melhor que se pode fazer é enxugar as lágrimas e compreender que não falta coisa alguma à felicidade. "A *Consolação* de Boécio restabelece o sentido original e radical que essa palavra carrega – o de uma razão de ser que pode manter de pé, inflexível e fiel, o homem golpeado pelos carrascos" (Fumaroli, 1998, p. 9). E compreender essa obra é o ingresso do acesso à felicidade e à leveza da vida em todas as suas vicissitudes.

O acúmulo de bens somente pelo prazer de possui-los produz angústia, pois além de não poderem realizar plenamente a vida humana, jamais duram para sempre, apenas restringem o encontro com a felicidade perfeita. Sendo assim, o acúmulo de riquezas, os prazeres desregrados, as glórias e as ostentações trazem insegurança, privam a liberdade e a serenidade, tão importantes para a busca da felicidade. A vida sem a felicidade só nos engana e prolonga nosso sofrimento. Inclusive, a busca da felicidade, a meta em alcançá-la, quando buscada em lugares errados, poderá nos conduzir a becos sem saídas. Nesse sentido, a própria Senhora Filosofia, consolando a Boécio, lhe ensina:

> Mostrar-te-ei como essas metas são mal conduzidas desde o princípio. Vejamos: tu queres te esforçar para ficar rico? Mas para isso terás de tornar alguém pobre. Pretendes alcançar o brilho das honrarias? Mas para isso será necessário suplicar àqueles que as conferem, e tu, que pretendes eclipsar os outros, deverás humilhar-te com tuas súplicas. Ambicionas o poder? Lembra-te de que sempre correrás o risco de uma traição por parte de teus subordinados e estarás sujeito a muitos perigos. Procuras então a glória? O caminho é árduo, difícil e cheio de perigos. Desejas levar uma vida de prazeres? Ora, quem não desprezaria e rejeitaria o escravo de uma coisa tão banal e vulnerável como o teu corpo? (Boécio, 1998, p. 69; III, 15)

Ao longo do segundo livro, a Senhora Filosofia considera inúmeras situações da vida de Boécio, mas vai além, pois, não aponta simplesmente os acontecimentos que levaram ao fim que o filósofo chegara, mas parte justamente das vicissitudes e intempéries que ele ainda vive na prisão. Assim, mais do que refletir sobre os erros e os acontecimentos, há uma preocupação em alertar Boécio de que ainda que tenha perdido tudo, ele tem consigo a maior de todas as fortunas, a conservação da vida, carro chefe do bem viver para alcançar a felicidade.

No terceiro livro, cerne da obra, e ao qual nos dedicaremos com mais atenção no próximo tópico, a Senhora Filosofia faz inúmeras referências sobre a essência da felicidade, identificada, ao final, como sendo Deus, o bem supremo e princípio de todas as coisas. Há, ainda, a concepção de que felicidade não depende de algo externo ao indivíduo, mas, sim, na posse de si mesmo, ou seja, é um estado de espírito cujo controle depende unicamente de cada um. Em contrapartida, existem outros bens, como a riqueza, honra, poder, fama e prazer que pretensiosamente prometem felicidade, mas esta é passageira, pois esses bens trazem consigo a possibilidade de perdê-los. Assim, a angústia é inevitável, causando dependência e preocupação.

No livro IV há uma preocupação em torno de como Deus, sendo onisciente e onipotente, rege o mundo, sendo ele próprio piloto e governante. Nesse livro, os questionamentos voltam-se a Deus, e as explicações passam por debates sobre o livre-arbítrio, providência e destino. Além das observações de Boécio, há importantes questionamentos sobre a conciliação da existência de Deus e do mal, sobretudo por Boécio se considerar injustiçado ao ver os impunes prosperarem e julgarem a sua sentença.

Por fim, no último livro, o quinto, são abordados alguns desdobramentos das reflexões anteriores, principalmente a questão do livre-arbítrio ante a providência divina. Quanto a essa questão especificamente, depreende-se da obra a perspectiva de que a ação humana não é determinada por Deus, pois este, ainda que governe o mundo, considera a liberdade o princípio crucial na ordem cósmica. Assim, há, no quinto livro, uma busca por compreender e harmonizar a questão da liberdade humana e do livre-arbítrio, inserindo inúmeros questionamentos sobre existência da sorte ou do acaso.

Ao final da obra, vemos o apagar das luzes sem despedidas. O silêncio súbito ecoa sobre a existência – a Senhora Filosofia termina bruscamente e sem conclusão. Assim, Boécio, que escrevia nos pedaços de tábua fornecidos por Símaco, que o visitava, entra de forma exemplar para a história. Sua morte chegara, num processo injusto e sumário, em que Boécio, sem ser ouvido, foi condenado à pena capital pelos juízes, seus pares. "É estranho que a história da filosofia, das sociedades, das técnicas, que fizeram tudo 'evoluir' deixem-nos ainda ler a *Consolação*, depois de quatorze séculos, como se ela fosse dirigida a nós, como se hoje ela fosse até de uma intensa novidade" (Fumaroli, 1998, p. 37). Os senadores romanos, portanto, decidiram, não sem crueldade, colocar um fim na existência de Boécio, em uma demonstração de injustiça que assistimos até hoje e que ainda nos espanta, por vermos perpetuarem-se os ciclos da manifestação de poder contra aqueles que não podem lutar sozinhos, pois a voz dos poucos justos é, quase sempre, abafada em uma sociedade em que a corrupção se tornou regra.

Certamente, as contribuições, os pensamentos e as influências de Boécio são um marco para a história, que o considera herói e mártir da liberdade romana. O alcance de sua obra também pode ser sentido na história da filosofia, pois, sendo mestre em latim e grego, transpôs para o latim obras importantes da filosofia grega, além de ter contribuído com a teologia, a música, a astronomia, a geometria e a língua e cultura latinas.

3.2
A nutriz filosofia

Como vimos na explanação sobre a obra *A consolação da filosofia*, de Boécio, a verdadeira felicidade é um estado de espírito que não deve depender do que é externo a nós, sobretudo das nossas inclinações naturais, já que segui-las não garante, de maneira sólida, encontrar a felicidade plena; pelo contrário, elas referem-se a coisas transitórias e fugazes, roubando-nos de nós mesmos e prometendo o que jamais poderão cumprir. Tomado pela insatisfação, Boécio confiou cegamente nesses bens transitórios, e, pelos relatos de sua obra, antes de ser preso, ainda como cônsul, já vivia inquieto e estava insatisfeito com a própria vida. E mesmo que jamais tivesse deixado de arrumar um tempo para seus estudos filosóficos, ele parece ter se esquecido da própria filosofia.

A Filosofia, interlocutora de Boécio nesse "sonho" que é mais um despertar, recrimina o prisioneiro, que ela educou em sua infância e adolescência, por ter deixado seu ensinamento cair na memória-receptáculo, onde não era mais que letra morta; sua própria aparição, despertando Boécio, recoloca-o no caminho da anamnese; com ela todas as palavras, as noções, os encadeamentos aprendidos e que se haviam "depositado" na memória tornam-se novamente palavra de vida, veículo em movimento que afasta a alma da tristeza, da fraqueza, da dúvida para conduzi-la a um porto seguro. (Fumaroli, 1998, p. 22)

A mulher desse "sonho", por sua vez, com seu vestido rasgado, olha para Boécio e ensina o real sentido da filosofia: o de suportar com firmeza os desgostos da vida. Ali, na prisão, diante da morte que o aguardava, ele deveria compreender que, ainda que não tivesse posse dos bens externos, possuía tudo o que precisava para ser feliz: a posse de si mesmo. Essa ideia, mais do que a compreensão para uma vida em plenitude, mostra a relevância do estoicismo na filosofia da época. Boécio tem uma concepção de filosofia muito próxima a dos seus companheiros romanos Cícero* e Sêneca, ou seja, de que devemos estar voltados à prática para uma vida melhor – característica do pensamento estoico.

A virtude era o ideal máximo dos filósofos estoicos, que, por se apegarem exclusivamente a ela, desprezaram os outros bens considerados importantes para os homens. Assim, saúde, beleza, prazer, riqueza, força, reputação e mesmo a vida serão considerados supérfluos e indiferentes pelo sábio estoico, que busca unicamente a razão e a virtude. Daí surge a imagem popular do sábio estoico como aquele que é indiferente aos prazeres,

---

*   "Cícero, assassinado por Marco Antônio; Sêneca, obrigado por Nero a suicidar-se, e todas as altas figuras de senadores estoicos, celebrados por Tácito, que foram martirizados por Tibério e Calígula. Embora godo, Teodorico, por sua feroz 'injustiça', representando o tirano louco, entra também na galeria dos sombrios 'quadros da história', tão característicos da crônica romana" (Fumaroli, 1998).

bem como às adversidades do mundo, e se mantém obstinadamente preso a seu único ideal de virtude. (Li, 1993, p. 15)

É importante notarmos que Boécio remete a Deus na obra *A consolação da filosofia*, pois, como cristão, era de se esperar que buscasse refúgio na religião. Entretanto, é na filosofia que encontra o seu consolo: "a *Consolação*, que atesta o gênio Boécio bem como sua força de espírito, nada deve à religião cristã, mas tudo à filosofia pagã" (Fumaroli, 1998, p. 7). Na prisão, suas preocupações voltavam-se para as opiniões alheias, para o respeito público, para a perda de liberdade e seu castigo injusto. Após amplos diálogos com a Senhora Filosofia, Boécio passa a reconsiderar o quão errado estava em se inquietar e se angustiar com essas questões, que além de serem externas a ele, estavam fora do seu controle. "A meditação filosófica recomenda que recuperemos a consciência, para voltarmos a ter autodomínio" (Meier, 2014, p. 194). Portanto, o que estava em jogo eram suas atitudes, e ele poderia escolher e encontrar caminhos para ajudar a si mesmo enquanto aguardava sua sentença.

> Boécio tem uma concepção de filosofia muito próxima a dos seus companheiros romanos Cícero e Sêneca, ou seja, de que devemos estar voltados à prática para uma vida melhor, característica do pensamento estoico.

Mas gostaria apenas de dizer que o fardo mais pesado com que a Fortuna possa afligir alguém é este: que aos olhos do povo esteja sendo justamente castigado quem na verdade é inocente. Mas, quanto a mim, privado de todas as honras de todos os cargos, fui jogado na lama devido às minhas boas ações. (Boécio, 1998, p. 15)

Fica evidente a compreensão do quão difícil é atingir o fim, chegar ao sumo bem, ou seja, alcançar a felicidade. E é difícil porque nossa existência, alimentada pela razão, leva-nos ao verdadeiro bem, mas também a inúmeros aspectos que nos afastam dele. Nesse contexto, a Filosofia exorta que a finalidade da ação humana é encontrar a felicidade;

entretanto, os meios pelos quais as pessoas buscam a felicidade têm sido a causa de tantas insatisfações, pois esses meios não passam de aparências enganosas que prometem algo que são incapazes de cumprir.

Para compreender melhor essa ideia, a Senhora Filosofia argumenta que, quando Boécio nadava na opulência e ostentava seus bens, vivia perturbado em meio a todas as suas regalias, pois não tinha tranquilidade e paz de espírito, e sequer estava livre de preocupações – pelo contrário, possuir esses bens alimentava ainda mais o desejo de ser dono do que lhe faltava.

Se a aprecias, recorre às suas práticas, cessa de chorar. Mas, se sua duplicidade te horroriza, despreza-a, afasta-a de ti: seus jogos são funestos. Em vez de provocar em ti todo esse desespero, ela te deixaria com tua tranquilidade. Pois ao menos ela te deixou, enquanto ninguém está certo se ela o está inclinando para um lado ou outro, ao acaso. Atribuis grande valor a uma felicidade que deves perder? E aprecias a companhia momentânea de uma Fortuna que ao partir te deixará desesperado?
(Boécio, 1998, p. 26)

A ânsia de possuir mais e, ao mesmo tempo, a presença de tantas riquezas só alimentavam a insatisfação do filósofo, que cegamente buscava nos falsos bens a plena felicidade. "As riquezas, que eram buscadas para se atingir a independência, tornaram na verdade seu possuidor dependente de ajuda alheia. Ora, de que maneira as riquezas podem nos libertar de certas dependências?" (Boécio, 1998, p. 61). De fato, as contribuições da Filosofia são cruciais para a vida de Boécio, mas também para a nossa, e não é à toa que, atualmente, em meio a uma sociedade cada vez mais escravizada pelos seus desejos efêmeros, essa obra continua a oportunizar reflexões importantes sobre a finalidade de nossas ações.

3.3
O problema do mal

Os *questionamentos feitos* enquanto Boécio aguardava seu julgamento objetivam compreender o fim que a sua vida levara. No entanto, na busca por compreender essa compreensão, o filósofo perpassa outras preocupações, que alimentam novos e importantes debates entre ele e a Senhora Filosofia. Esses debates surgem, sobretudo, no fim do quarto livro. Algumas das preocupações norteadoras nesse momento da obra referem-se à existência de Deus e à relação com a injustiça e o mal que governam as ações dos homens.

Boécio afirma que Deus, o Bem e o Uno são a mesma coisa, entretanto, inconformado com as injustiças e com a constatação de que muitos homens maus permanecem impunes, ele passa a questionar se Deus está realmente no comando. Ora, se Deus comanda todas as coisas, por que, afinal, o mal existe? Teria Deus criado o mal? Citando o próprio filósofo: "Mas a situação é pior ainda: enquanto o vício reina e prospera, a virtude não apenas não recebe recompensa alguma, mas também é calcada pelos pés dos celerados e levada ao suplício em lugar do crime" (Boécio, 1998, p. 95). Assim, Boécio argumenta que, se Deus é perfeito e bom e dele provêm todas as coisas, então, como pode o mal existir e ficar impune e os bons sofrerem as penas?

Orientado pela sabedoria estoica da Senhora Filosofia, Boécio pretende compreender o desacordo das questões humanas com a ordem perfeita que reina na natureza. Embora suas angústias se intensifiquem a cada dia que passa (lembremos que sua vida dependia dos que prenderam injustamente), suas reflexões influenciaram a sua época e até mesmo os dias atuais.

Há momentos em que Boécio se indigna, como quando tenta compreender o porquê de o vício reinar e prosperar, enquanto a virtude não era reconhecida como deveria, sobretudo por considerar a existência de um Deus que é o princípio de todas as coisas. "Que tais coisas aconteçam no reino de um Deus onisciente, onipotente e que quer apenas o bem faz com que as pessoas fiquem admiradas e lamentem o fato" (Boécio, 1998, p. 95). A Senhora Filosofia, por sua vez, pontua que aqueles que se afastam da honestidade estão se afastando, na verdade, da própria felicidade, visto que serão condenados, rejeitados, deixam de ser homens e se transformam em animais que serão levados e abatidos. Assim, a Senhora Filosofia argumenta que,

o poder está sempre do lado dos bons enquanto os maus são sempre rejeitados e fracos, e também que jamais se veem crimes impunes ou qualidades sem recompensas, e que a sorte sorri aos bons enquanto as reviravoltas da Fortuna se abatem sempre sobre os maus, e muitas outras coisas desse gênero, capazes de abafar tuas recriminações e de te dar uma certeza durável. (Boécio, 1998, p. 96)

Mais uma vez, a Senhora Filosofia contribui de forma marcante com o pensamento de Boécio, que tenta compreender a razão da confusão de valores entre as pessoas. A Senhora Filosofia afirma que não devemos nos surpreender diante das pessoas que valorizam a desonestidade em detrimento das virtudes, visto que, da mesma forma que podemos compreender a fragilidade do mal, podemos reconhecer a solidez do bem, pois os bons são capazes e os maus são fracos.

Essa distinção faz com que os maus tenham que se esforçar para atingir o fim que desejam, enquanto os bons buscam pelo exercício natural de seus méritos. Assim, enquanto os maus não dormem buscando conseguir aquilo por que trabalham, os bons demonstram sua superioridade por meio de sua capacidade, pois, ainda que lhe seja oportuno a possibilidade de fazer o mal, buscam o bem mais elevado de todos com as suas próprias forças.

> *Poder-me-ias dizer que os maus são capazes de fazer grande número de coisas. Não o nego; no entanto, essa capacidade que eles têm não provém de sua força, mas de sua fraqueza. Com efeito, se podem fazer o mal é apenas porque conservam a capacidade de fazer também o bem. E é justamente a capacidade de fazer o mal que prova com toda a clareza sua fraqueza.* (Boécio, 1998, p. 101)

Nos diálogos, a Senhora Filosofia exorta que é possível reconhecer o poder dos bons e a fraqueza dos maus. Os primeiros, por serem sábios, têm o poder de realizar seus desejos; já os maus fazem o que lhes agrada sendo desonestos e injustos. Assim, por não terem poder para realizarem seus desejos, visam somente o que lhes causam prazer, portanto, não possuem nada e suas ações só os levam para uma vida infeliz e de aparências. Isso significa que as desordens e as injustiças às quais Boécio refere-se advêm da liberdade humana perante a ordem desejada por Deus. Essa liberdade não afeta sua divindade, pelo contrário, estabelece o respeito sobre a Terra, e é por essa liberdade que muitos se privam voluntariamente da bondade de Deus e rebaixam suas almas ao horror.

> *A desgraça terrestre dos inocentes é na realidade a prova de sua inocência e da sua inclusão na ordem eterna que preside ao universo. O triunfo dos maus é, à imagem destes, "talhada no tecido dos sonhos", do não-Ser; consagração ilusória do erro a que os levou a escolha do mal, ou seja, do nada.* (Fumaroli, 1998, p. 31)

Nesse âmbito, o filósofo argumenta que a escolha do Bem é um exercício de liberdade em que o homem participa na ordem divina, ou seja, não há um determinismo que orienta as coisas e a ação humana, mas há a escolha, o ato livre de cada ser que visa à plena felicidade. "É preciso ter abandonado o ponto de vista limitado que, abrangendo apenas o teatro terrestre, percebe nele apenas o império da Fortuna, cujos fluxo e refluxo, patéticos e absurdos, desafiam a Justiça eterna que ordena todo o universo" (Fumaroli, 1998, p. 32). Assim, aqueles que escolhem o mal ou cometem injustiças têm a oportunidade de despertarem para sua verdadeira condição, isto é, avaliarem que a própria impunidade triunfante, iludida de aparências e refluxos patéticos, não lhes permite enxergar a luz do Ser, que é o Bem, que é Deus, e a ordem desejada por Deus.

De acordo com Fumaroli (1998, p. 32), "é preciso ter-se elevado firmemente ao ponto de vista sob o qual não há Ser, não há realidade a não ser em Deus, e no Bem que faz do universo um cosmos". Nesse sentido, a Senhora Filosofia concebe que aquele que pratica o bem contribui para a ordem cósmica, sendo, portanto, testemunhas e aliados que visam o bem no interior do tempo terrestre e buscam encontrar a plenitude do seu sentido.

3.4
A felicidade

A obra de Boécio exerceu grande influência no pensamento espiritual medieval. Na prisão, diante das lamúrias da vida, ele encontra consolo e uma visão racional na Filosofia, que lhe visita em forma de uma mulher. "Boécio fixa o olhar na mulher que apareceu e logo reconhece a sua 'nutriz', em cuja casa estivera desde a juventude: a Filosofia" (Reale; Antiseri, 2003b, p. 131). Aos poucos, a Senhora Filosofia constrói uma reflexão maiêutica, pois parte da vida do próprio filósofo para que este se console, repensando o passado e compreendendo o presente, principalmente nos primeiros momentos do diálogo, em que Boécio se encontra abalado e inconformado pelos desdobramentos da sua vida e vive a solidão do encarceramento. Como o próprio filósofo diz da Filosofia: "Ninguém melhor do que tu sabes reconfortar os espíritos abalados" (Boécio, 1998, p. 53). São os diálogos com a Senhora Filosofia que o permitiram fortalecer seus pensamentos diante dos golpes da fortuna e, sobretudo, em compreender a verdadeira felicidade.

> já que declaras desejar ouvir-me mais, como ficarias impaciente se soubesses para onde estou te conduzindo! E para onde?, perguntei. Ela respondeu: Para a verdadeira felicidade, a felicidade que teu coração vê em sonhos, mas que não podes contemplar tal como ela é porque tua vista se desvia para as aparências. Aí eu disse: Ah, sim! Eu te suplico! Mostra-me sem demora o que é a verdadeira felicidade! E ela: De bom grado farei o que me pedes, mas primeiramente tentarei definir com palavras e delimitar um tema para reflexão do que te é mais familiar no conceito de felicidade a fim de que, quando o tiveres examinado bem, voltes os olhos para a direção oposta e reconheças a verdadeira imagem da felicidade. (Boécio, 1998, p. 53)

A Senhora Filosofia diz a Boécio que compreender a existência é uma tarefa árdua, mas necessária, e ainda que ele estivesse ali preso e esperando a morte, poderia ser plenamente feliz. Entretanto, esquecido da filosofia, Boécio só sabia sentir pena de si mesmo. "O que houve, homem, para que mergulhasses na melancolia e no desespero? Sem dúvida viste algo de novo e extraordinário. Pensas que a Fortuna mudou a teu respeito? Enganas-te. Ela sempre tem os mesmos procedimentos e o mesmo caráter" (Boécio, 1998, p. 26). Para a Senhora Filosofia, aqueles que colocam os bens transitórios na dianteira da vida acabam enfrentando inúmeros problemas, entre eles a própria ausência da felicidade, que atormenta e sufoca as ações humanas.

Nesse sentido, a Filosofia explica que os mortais são tolos em confiar e fazer com que a própria felicidade dependa de algo tão transitório e instável, pois esta é a característica primordial da sorte: mudar constantemente e surpreender. "Se confiasses teu barco ao sabor dos ventos, não navegarias para a direção desejada, mas para onde eles te levassem; se jogasses tuas sementes nos campos, haveria a alternância entre os anos bons e ruins" (Boécio, 1998, p. 27). A orientação é não confiar no acaso, mas se lançar nos planos da razão e dos ensinamentos obtidos pela filosofia, e não esquecê-los quando se estiver na boa sorte do jogo da vida.

Boécio esteve diante da roda da fortuna. No primeiro momento teve sorte, tinha uma boa família, foi cônsul, recebia inúmeros elogios, honrarias, era tradutor prolífico, propiciou uma vida melhor aos seus filhos, que foram nomeados cônsules. Entretanto, a roda da fortuna girou e trouxe uma nova realidade: a restrição à liberdade, o isolamento, o esquecimento, acusações injustas e angústias que Boécio jamais imaginou ter. "Tu te abandonaste ao domínio da Fortuna: deves submeter-te aos caprichos de tua mestra. Pretendes sustar a rápida revolução de sua roda? Oh, insensato! Então a Fortuna não seria mais a Fortuna" (Boécio, 1998, p. 27). É diante dessa realidade que o filósofo deve agora partir, pois é nesse momento, sem a posse de bens externos, que Boécio tem tudo o que precisa para a felicidade plena, mas necessita aprender a ver a partir desse ponto de vista.

> A orientação é não confiar no acaso, mas se lançar nos planos da razão e dos ensinamentos obtidos pela filosofia, e não esquecê-los quando se estiver na boa sorte do jogo da vida.

Mas toda mudança brusca de situação provoca também uma perturbação no espírito, e é dessa forma que tu, por algum tempo, abandonaste a tranquilidade. Mas já é hora de tomares um medicamento doce e suave que, uma vez penetrando teu organismo, irá preparar-te para te submeteres a remédios mais fortes. (Boécio, 1998, p. 25)

Aqui reside o cerne da obra *A consolação da filosofia*, que assume uma posição estoica, sobretudo no livro V, ao considerar que a plena felicidade só pode vir de dentro, quando não nos deixamos levar pelos bens transitórios e nem somos afetados pelos infortúnios da vida, sobretudo porque o mundo é conduzido por fatos acidentais e que fogem, portanto, ao controle das ações humanas.

E, quanto a tí, ela permanece fiel em sua inconstância. Ela [a fortuna] era a mesma quando te lisonjeava, ou quando fazia de tí seu joguete prometendo-te miragens. Descobriste a dupla visão desse poder cego. Enquanto ela ainda dissimula seu verdadeiro semblante aos outros, diante de tí ela se desmascarou completamente. (Boécio, 1998, p. 26)

Assim, a felicidade, por depender unicamente de nós, é uma das poucas coisas que o homem é capaz de controlar e que a má-sorte não é capaz de destruir, ou seja, a felicidade é um bem sólido, coerente e duradouro; conserva, cuida e propicia uma vida serena diante das inclinações naturais. A Senhora Filosofia afirma que os bens como riqueza, honras, prazeres e poder fragilizam a felicidade, pois dependem da sorte, que é passageira, móvel e aleatória, ou seja, ainda que tenhamos sorte hoje, não há garantias de que a teremos amanhã.

Em suma: ninguém está contente com a sua situação, e cada situação comporta um aspecto que não se nota a menos que seja experimentado, e quem o experimenta sabe quão ruim ele é. Acrescento ainda o caso das pessoas mais favorecidas pela Fortuna, cuja sensibilidade aumenta na medida de sua felicidade; a menor adversidade as abate: é preciso muito pouco para tirar os afortunados da sua felicidade. (Boécio, 1998, p. 35)

Mesmo com a posse desses bens não há paz, tranquilidade ou sossego. O que há é a preocupação constante em protegê-los e a eterna busca em torná-los duráveis. Boécio, preso e a caminho da morte, por vezes pensou que precisava de muitas coisas, mas, ao longo da obra, passa a perceber que não precisa de nada para ser feliz, pois a felicidade é um estado de espírito, e deve vir de algo mais sólido e duradouro.

Nesse sentido, buscar a felicidade nas coisas mundanas é um erro, sobretudo por considerar que, após a morte, tudo se consome. Assim, fica evidente a proximidade das ideias de Boécio com o cristianismo católico, por considerar que a verdadeira felicidade só poderia ser encontrada em Deus ou na bondade e no desapego aos bens triviais.

Do que foi dito, conclui-se claramente que o bem e a felicidade propriamente ditos têm uma só substância. Não vejo como negar, disse eu, Mas havíamos também demonstrado que Deus e a verdadeira felicidade são uma só e mesma coisa. Sim, respondi. Podemos então concluir, sem medo de estar enganados, que o soberano bem reside apenas em Deus, excluindo-se tudo o mais. (Boécio, 1998, p. 81)

Todavia, o Deus de Boécio remete àquele de Platão, ou seja, a mais pura forma da bondade, pelo qual nós, em uma espécie de reminiscência, lembramos o que já sabíamos antes, ou seja, temos nossas memórias refrescadas. "Mas nós tínhamos estabelecido que o bem perfeito é a verdadeira felicidade, portanto, reside necessariamente no Deus soberano" (Boécio, 1998, p. 77). É preciso admitir que o Deus soberano contém o perfeito e soberano bem, e que na essência da felicidade Boécio descobre a divindade que habita dentro de cada um de nós. É ela que nos permite todas essas reflexões consoladoras e vivificantes, mesmo diante da morte iminente.

Síntese

Vimos neste capítulo que Boécio foi um pensador importante da Idade Média. Em sua obra *A consolação da Filosofia*, Boécio se vê diante da própria Filosofia, uma senhora, uma musa que lhe visita na prisão, e passa a refletir sobre a sua vida e a construir seu ideário filosófico.

Observamos que a felicidade é um estado de espírito e que aqueles que dependem de coisas ou situações externas terão dificuldades para alcançá-la. Vimos que, mesmo sendo cristão, Boécio buscou o consolo na filosofia, e não na religião, pois é pela filosofia que conseguimos ter autodomínio e consciência sobre nós mesmos. Passamos por alguns dos questionamentos de Boécio, como quando ele se pergunta sobre o mal no mundo e sobre Deus ser o responsável pelo mal. No entanto, sendo perfeito, o mal não pode vir de Deus. Ainda assim, Boécio angustia-se tentando entender por que os bons sofrem, enquanto, aparentemente, o mal fica sempre impune, mas a Filosofia lhe consola, afirmando que os que se afastam da honestidade também se afastam da sua própria felicidade, ao passo que se afastam de Deus, que é o próprio Bem.

Indicações culturais

Livros

BARROS FILHO, C.; KARNAL, L. **Felicidade ou morte**. São Paulo: Papirus, 2016. (Coleção Papirus Debates).
Debate sobre felicidade e morte com o Prof. Dr. Leandro Karnal, doutor em ciências da comunicação pela Escola de Comunicações e Artes (ECA) da Universidade de São Paulo (USP), e o Prof. Dr. Clóvis de Barros Filho, também doutor pela USP.

COMTE-SPONVILLE, A. et al. **A mais bela história da felicidade**. São Paulo: Bertrand Brasil, 2006.

A mais bela história da felicidade traz renomados intelectuais franceses para o debate de um assunto que permeia a filosofia e a teologia: a felicidade. Entre eles, André Comte-Sponville, Jean Delumeau e Arlette Farge, que discursam sobre esa temática trazendo as visões retratada por Aristóteles, Epicuro, Espinosa, Kant, a Bíblia etc.

SÊNECA. **A vida feliz**. São Paulo: Nova Alexandria, 2005.

Nessa obra, Sêneca enfoca e esclarece o conceito de felicidade, opondo o ideal da virtude ao ideal da volúpia suprema, calcada na vida conforme a própria natureza. Sêneca argumenta que a vida feliz só é possível quando a virtude, a naturalidade da alma e a harmonia da vida caminham juntas.

Vídeos

CAFÉ FILOSÓFICO CPFL. **Felicidade ou morte**: Clóvis de Barros Filho e Leandro Karnal. Disponível em: <https://www.youtube.com/watch?v=WCsQWHkWXbw>. Acesso em: 3 out. 2017.

No vídeo, que leva o mesmo título do livro apresentado anteriormente, ambos escritores debatem sobre a felicidade e trazem contribuições de diferentes pensadores acerca do tema.

Atividades de autoavaliação

1. Sobre a obra *A consolação da Filosofia*, de Boécio, assinale a alternativa correta:
    a) Foi escrita com objetivo de demonstrar a inocência do filósofo ante as conjurações injustas cometidas pelo Senado.

b) Está dividida em três livros que influenciaram a história da filosofia e a religião cristã na Idade Média.

c) A Senhora Filosofia, autoridade imperiosa que dialoga com Boécio filósofo, é a representação do estoicismo que tanto influenciava os escritos do filósofo.

d) A obra de Boécio passou a ser conhecida, sobretudo, após a sua morte, atraindo filósofos que apreciavam suas ideias e professavam a fé e a religião cristã na Idade Média.

2. De acordo com as ideias de Boécio na obra *A consolação da Filosofia*, marque V para verdadeiro e F para falso:

( ) Segundo a referida obra, a verdadeira felicidade é um estado de espírito que não deve depender do que é externo a nós.

( ) Boécio, sendo cristão, afirma que a morte é a garantia de esperança do futuro e a continuidade da felicidade em Deus.

( ) Aqueles que colocam os bens sólidos na dianteira da vida, acabam enfrentando inúmeros problemas, entre eles a própria ausência da felicidade, que atormenta e sufoca as ações humanas.

( ) A felicidade só será plena e constante se as ações humanas controlarem a roda da fortuna e os infortúnios da vida.

3. Leia as afirmações a seguir sobre *A consolação da Filosofia*:

I) A obra traça algumas considerações sobre o livre-arbítrio, a providência e o destino, partindo dos questionamentos do filósofo diante do fim injusto de sua própria vida.

II) Os males, segundo a obra, são classificados como aqueles que, aparentemente, são favoráveis aos homens, mas que só trazem soluções aberrantes e passageiras.

III) Na obra, os diálogos versam sobre o destino de Boécio, que tantas vezes ignorou a abundância do bem mais valioso que alguém pode ter: a conservação da vida.

IV) Boécio afirma que o supremo bem só pode ser encontrado no transcendente, devendo inicialmente ser investigado pela própria filosofia.

Estão corretas apenas as afirmativas:

a) I, II e IV.
b) II, III e IV.
c) II e III.
d) I, II e III.

4. A obra *A consolação da Filosofia* está dividida em cinco livros que relatam as exortações da Senhora Filosofia sobre as desilusões de Boécio, visando conformá-lo dos seus infortúnios e orientá-lo sobre como os males humanos impedem de encontrar o bem supremo: a felicidade. Tendo em vista o que Boécio estava passando, que assunto é abordado no primeiro livro da referida obra?

a) Boécio encarcerado e abatido por acreditar estar ali por uma injustiça.
b) A Senhora Filosofia exortando Boécio a se conformar com as vicissitudes.
c) O conceito de felicidade a partir das exortações que Boécio recebera.
d) Boécio associando a essência da felicidade com Deus.

5. No livro IV de *A consolação da Filosofia* há uma preocupação em torno de como Deus, sendo onisciente e onipotente, rege o mundo, já que ele é piloto e governante. Os questionamentos, portanto, voltam-se a Deus, que tem a capacidade de prever o que deve acontecer. Nesse momento, podemos destacar um debate sobre três temas. Marque a alternativa que apresenta os temas do debate do livro IV.

   a) Maldição, providência e destino.
   b) Livre-arbítrio, providência e culpa.
   c) Livre-arbítrio, providência e destino.
   d) Felicidade, destino e culpa.

Atividades de aprendizagem

Questões para reflexão

1. Por que a Senhora Filosofia considera que a felicidade não pode depender de bens como riqueza, fama, prazeres e poder?

2. Pela leitura do capítulo, descreva qual a contribuição de Boécio para a filosofia.

3. Segundo Boécio (1998, p. 25), "toda mudança brusca de situação provoca também uma perturbação no espírito, e é dessa forma que tu, por algum tempo, abandonaste a tranquilidade". Reflita sobre essa frase e escreva o que você acredita que Boécio quer dizer. Você pode discutir em dupla para ampliar sua reflexão e acrescentar novas ideias à sua resposta.

4. Leia o seguinte trecho:

> O filósofo argumenta que a escolha do Bem é um exercício de liberdade em que há a participação do homem na ordem divina, ou seja, não existe um determinismo que orienta as coisas e as ações humanas, mas há a escolha, o ato livre de cada ser que visa à plena felicidade.

Tendo como base o parágrafo lido, redija um texto argumentativo refletindo se nós temos liberdade de escolhas ou se nosso destino está, de alguma forma, escrito (determinismo). Contextualize sua resposta considerando a sociedade em que você vive.

Atividade aplicada: prática

1. Nas Indicações culturais deste capítulo, recomendamos um debate sobre felicidade e morte com o Prof. Dr. Leandro Karnal e o Prof. Dr. Clóvis de Barros Filho. Assista a esse debate e escreva uma resenha sobre a relação filosófica entre a felicidade apresentada por Boécio e a felicidade apresentada pelos professores no debate. Por fim, indique qual das abordagens lhe chamou mais atenção e por quê.

4

A manifestação de Deus

N este capítulo, apresentamos algumas ideias sobre a obra De divisione naturae, de João Escoto Erígena*. As informações sobre Erígena são incertas, pois "nada se sabe sobre sua família, o lugar concreto de origem, seus estudos ou como entrou no continente: como o Melquisedec** bíblico, João Escoto é 'sine patre et sine matre'" (Fortuny, 1984, p. 9, tradução nossa).

---

* João Escoto Erígena também é conhecido por *John Scotus Erigena* ou *Johannes Scotus Eriugena*.

** Geralmente, os sacerdotes gozavam de prestígio por estarem ligados a alguma linhagem genealógica importante, mas Melquisedec não possui registo nem de ascendentes, tampouco descendentes. Ninguém sabe como nasceu nem como foi sua morte. Por isso, a associação com João Escoto enquanto *sine patre et sine matre*.

Para Erígena, a manifestação de Deus é a forma como percebemos Deus na criação. Por isso, neste capítulo, analisamos essa manifestação e a maneira como ela pode ser percebida na criação. Chegamos à ideia de que toda criação é manifestação de Deus, o que nos leva ao conceito de uma filosofia panteísta. Em seguida, analisamos alguns tópicos da obra *De divisione naturae* para exemplificar as formas das manifestações de Deus. Abordamos, também, a perspectiva do referido autor de que só existimos porque Deus existe, para entender como ele trata a relação do homem com Deus.

4.1
A divisão da natureza

João Escoto Erígena era um pensador teólogo, e não sabemos ao certo se recebeu alguma ordem religiosa. Aparentemente, era um leigo e muito respeitado. "Quando já era um apreciado mestre na corte da França, foi convidado pelos bispos de Reims e de Laon a refutar a tese da *dupla predestinação*, de Gotescalco, para quem alguns estavam infalivelmente predestinados ao inferno e outros ao paraíso" (Reale; Antiseri, 2003b, p. 135). Foi nessa oportunidade que escreveu a obra *De praedestinatione*, em 851, na qual parece ter superado os limites apresentados por Gotescalco, defendendo a ideia de que não somos predestinados por Deus ao inferno ou ao pecado. Por causa disso, acabou envolvido em algumas complicações e se salvou somente devido à proteção real, mas aprendeu uma lição: não mais intervir em outra polêmica. Ele não chegou a publicar nenhuma obra original em vida. Quanto à obra *De divisione naturae*:

> Escoto Eriúgena apresenta logo no início de De divisione naturae *o resumo que mostra a geração ordenada, que enumera e conscienciáliza ética e historicamente a natura, como quadridimensional: a natureza criadora e não criada; a natureza criadora e criada; a natureza não criadora e criada; e, a natureza não criadora nem criada.*

> A divisão apresentada, ainda que determinada por circunstâncias histórico-filosóficas antecedentes, aparece de um modo originário no pensamento de Eriúgena. Trata-se de refletir a oposição entre Criador e criatura, dando maior relevo à relação do que aos termos relacionados, permitindo desta maneira que a relação se desdobre em dois sentidos complementares: criador-criatura, que se conjugam a esses dois níveis.
>
> (Silva, 1973, p. 270)

Na referida obra, Erígena já demonstra predileção pelos padres da Igreja grega em detrimento da erudição helênica. A partir do seu conhecimento sobre o mundo, a cultura e língua grega, Erígena se empenhou, nos anos 862 a 866, em redigir sua obra magna: *O Periphyseon* ou *De divisione naturae*. Essa obra foi escrita em forma de diálogos entre mestre e discípulo e é composta por cinco livros. "Tudo indica que esta obra permaneceu inédita durante a vida do autor" (Fortuny, 1984, p. 11, tradução nossa). Após a morte de Carlos II, no ano de 877, não temos mais notícias de Erígena, alguns acreditam que morreu poucos anos depois, na França.

Erígena foi influenciado por um autor grego conhecido como *Pseudo-Dionísio*, cuja uma das ideias era de que, para conhecer a Deus, é necessário passar de uma via positiva a outra negativa: enquanto uma via reconhece a perfeição das criaturas, a outra nega tal perfeição. "Tais negações não devem ser entendidas em sentido de privação, mas sim de transcendência. Por esse motivo, a teologia negativa denomina-se também teologia superafirmativa. Para além de todo conceito ou conhecimento humano, Deus é supra-ser, supra-substância, supra-bondade, supra-vida e supra-espírito" (Reale; Antiseri, 2003b, p. 137). A obra *O Periphyseon* parece conter uma dupla visão de tudo que existe, desde Deus até aquilo que a escolástica chamará de *matéria-prima*. Essas questões proporcionariam novos pontos de vista, promovendo uma incompatibilidade entre as tradições ocidentais e orientais.

> A estrutura do De divisione naturae é, a primeira vista, desorientadora. O primeiro livro é uma reflexão sobre a aplicabilidade de dez categorias a Deus. Os quatro livros seguintes são uma explicação do livro de Gênesis: a processão ou criação dando-se em duas etapas (segundo uma doutrina de Agostinho), a criação do mundo inteligível e a criação do mundo sensível. [...] Várias ideias de Escoto são tomadas de Dionísio compreendido a partir de Máximo, o confessor. O recurso à Máximo ancora ainda mais o Irlandês no mundo da teologia bizantina. (Libera, 1998, p. 275)

Na tradição ocidental, temos Agostinho, Boécio etc., enquanto na oriental encontramos Pseudo-Dionísio e Máximo, autores com forte influência neoplatônica, expressa pelo duplo movimento de ascendente e descendente a partir de uma única causa. Quanto ao Ocidente:

> Ao contrário, proporcionaria a Eriúgena uma lógica peculiar, de gêneros e espécies, que dariam numa divisão da "physis" ou "natureza" em quatro "espécies"; todas elas a partir de uma definição de "physis", tomada por Boécio e com um caráter marcadamente estático. Nada teriam em comum o fundo dinâmico, de origem oriental, que dominará em profundidade a quatripartição na superfície do tratado. (Fortuny, 1984, p. 18, tradução nossa)

Percebe-se no pensador irlandês uma forte capacidade de síntese. Podemos destacar seu grande empenho em acabar com subjetividade presente no último neoplatonismo pagão. Para ele, as contradições poderiam ser consideradas como advindas da subjetividade humana, que interpreta de forma diferente cada texto que lê, ou seja, tais contradições não estão no texto em si. Ao mesmo tempo, alguns autores afirmam que é justamente nesse ponto que se encontra um equívoco de Erígena, e que permite apresentar o pensador irlandês como um racionalista, ainda que seja considerado mais teólogo que filósofo. No entanto, é herdeiro da tradição filosófica pagã, representando um platonismo radical que o aproxima de uma visão panteísta, mesmo sendo um fervoroso cristão.

A literatura clássica cristã ou grega apresenta um Deus que se manifesta na criação, mas, para Erígena, essa manifestação acontece para o próprio Deus em primeiro lugar, e somente depois se manifestará aos outros seres criados por ele. Essa é uma ideia que Erígena extrai de origens orientais e que vai singularizar sua obra. Com um pensamento de cunho panteístico, ele admite que toda a criação é apenas uma participação de Deus, ou seja, a participação seria uma divisão de coisas existentes. Somente Deus é o ser que se participa ao participar. Assim, a essência do criador é o ato, por isso que ele criando se cria de forma natural. As demais coisas são efeitos dessa causa única que é Deus.

Nesse processo, Deus gera as múltiplas coisas. Enquanto ele gera as criaturas e coisas sensíveis, ele se doa, e por isso dizemos que também participa delas. "O sistema de Escoto, em efeito, é um 'idealismo' e, se preferir, 'monismo exemplar' como qualifica M. Cappuyns. Na realidade deveria qualificar-se de linguismo objetivo ou realista, mais que idealismo" (Fortuny, 1984, p. 21, tradução nossa). Temos todas as espécies como linguagem de Deus, e este conhece a si mesmo através de sua criação, ou seja, por um discurso. Precisamos dar atenção ao sentido figurado da linguagem relacionado com o exercício da razão.

4.2
Deus: Incriado e Criador

Na obra De divisione naturae, encontramos o conceito de **Deus criador**, aquele que cria todas as coisas, mas que nada o criou. "Deus é o criador único de todas as coisas, entendido como *anarchos*, isto é, sem princípio, já que só Ele é a causa principal de tudo quanto foi feito, dele mesmo e por Ele mesmo, a consequência disso é o fim de tudo, já que Ele existe e tudo tende a Ele" (Escoto Eriúgena, 1984, p. 59; Livro I, 451D, tradução nossa). Ele é sem princípio porque é a causa principal de toda criação que vem dele mesmo, e a ele tendem voltar todas as coisas. Nele se encontra o princípio e o fim de tudo. Podemos dizer, assim, que Deus não é cognoscível e seu conceito está acima de todos os atributos:

> trata-se precisamente da via negativa do Pseudo-Dionísio, que supera a teologia afirmativa porque leva à negação de todos os predicados, **limitados e finitos**, que estamos inclinados a atribuir a Deus. Só impropriamente se pode chamar de criatura sua primeira manifestação, porque se identifica com o Logos ou Filho de Deus, não produzido no espaço e no tempo, mas, segundo o prólogo do Evangelho de são João, coeterno ao Pai e coessencial a ele: Deus não seria Deus se não fosse desde a eternidade o gerador do próprio Logos ou sabedoria. (Reale; Antiseri, 2003b, p. 137, grifo do original)

Como dissemos anteriormente, Pseudo-Dionísio foi um dos autores gregos que mais influenciou o pensamento de Erígena. Era um autor de formação neoplatônica, que colocava Deus no centro de suas discussões. Para encontrar um caminho seguro que chegasse ao conhecimento de Deus, ele partia de uma via positiva, em que atribuía a Deus as perfeições simples das criaturas; em seguida, por outra via, chamada de *negativa* – a via pela qual Erígena preferia trilhar –, ele negava tais predicativos, pois acreditava que em Deus não poderia conter nenhuma dessas qualidades, não no sentido de *privação*, mas porque Deus, não cabendo nele nenhum tipo de predicativo, deveria ser pensado em uma posição transcendente. Após esse percurso, sairíamos desta via negativa a uma denominação de **teologia superafirmativa.**

Deus está além de toda oposição, por isso, podemos afirmar que na base da teologia afirmativa se encontra uma **teologia apofática**.

No entanto, Erígena não segue o pensamento de que há uma super via que supere a positiva, tampouco a negativa. O que Pseudo-Dionísio desejava mostrar era a incognoscibilidade de Deus, mas Erígena se afasta dessa ideia de superação, pretendendo apresentar em sua obra apenas a distinção de ambas as vias. Salientamos que ambos os autores estão falando de um mesmo ponto de vista, como exegetas bíblicos que são. No entanto,

> embora a inspiração seja neoplatônica, a substância do pensamento de Escoto Erígena é cristã, porque ele não é monista: a unidade do todo em sentido panteísta lhe é estranha, como a emanação. Com efeito, entre o Pseudo-Dionísio e o Neoplatonismo existe a barreira do Deus criador, pessoal, distinto das criaturas. (Reale; Antiseri, 2003b, p. 137)

Essas ideias fazem de Erígena um autor original, pois, utilizando as ideias de suas fontes e aproveitando as que lhe parecem pertinentes à sua teologia, as reúne de forma original e acrescenta aquilo pelo qual ficará marcado na história. Ressaltamos as palavras de Sheldon-Williams (1971, p. 154, tradução nossa) ao afirmar que "Escoto podia ler em latim e grego, mas pensava por si mesmo". O Deus de Erígena é o Deus da revelação judaico-cristã.

Outros autores também tiveram influência no pensamento de Erígena, dentre eles, podemos citar também Agostinho.

> O mestre carolíngio leu Agostinho e Dionísio não para contestá-los e opor-se as suas autoridades, mas como proponente de uma verdadeira filosofia; consequentemente ele está normalmente de acordo com ambos. Assim, no segundo livro do Periphyseon (II, 597D), ele cita ambos sobre a matéria da ignorância divina (divina ignorantia); para santo Agostinho: "Deus é melhor conhecido pela ignorância", para o [Pseudo-] Dionísio: "Sua ignorância é verdadeira sabedoria" (II, 597D). (Silva, 2006, p. 24)

Entre Erígena e Agostinho, por mais que exista concordância em alguns pontos, há divergências em vários momentos. "A preocupação de Agostinho com o corpo e com a heresia raramente encontra um eco em Eriúgena. Eriúgena nunca discute o desejo sexual. Similarmente, Eriúgena não usa a definição de Agostinho da alma no *De quantitate animae*" (Silva, 2006, p. 25). O que é importante ressaltar é que Erígena fez um esforço por demonstrar que o cristianismo do Oriente grego e o do Ocidente latino tinham mais unidade do que se imaginava naquele tempo. Podemos ratificar isso a partir das palavras de Dermot Moran (1989, p. 120, tradução nossa), que descreve:

> Erígena produziu uma síntese não usual da perspectiva do leste grego e do oeste latino, mas não se pode negar que uma das suas grandes realizações foi sua habilidade de identificar muitos dos elementos comuns dessas duas tradições e de destilar a partir delas um poderoso idealismo filosófico. Porém sua filosofia ainda é um neoplatonismo, se é que podemos empregar esse termo num sentido geral. Assim, em particular, ele manteve o conceito platônico de uma separação entre um imutável mundo eterno das ideias e o mundo dependente, mutável e não completamente real do espaço, do tempo e da corporalidade. Ademais, Erígena organizou seus conceitos filosóficos numa estrutura e divisão ou sucessão e retorno, que renovou a tradição da hierarquia neoplatônica.

Pensar no conceito de Deus a partir de uma natureza que não é criada implica pensar em um

> círculo, pelo qual a vida divina procede a constituir-se constituindo todas as coisas e com elas retorna a si própria [...]. Nele [o pensamento de Eriúgena] se encontra contida e determinada a relação entre Deus e o mundo: o mundo é o próprio Deus enquanto teofania ou manifestação de Deus, mas Deus não é o mundo, porque ao criar-Se e converter-Se em mundo Se mantém acima dele. (Silva, 2006, p. 38)

Assim, percebemos que as influências de Escoto de Erígena foram preponderantes para uma filosofia dialética negativa que possibilitasse, na discussão do ser, uma minuciosa análise do não-ser. Deus é unidade, mas de caráter inefável. Para Erígena, Deus existe como causa, como verdadeiro ser, como bondade e sabedoria, uma verdadeira perfeição. Assim, é possível concluir que

> poder-se-ia objetar ao conhecimento de Deus em Eriúgena, visto tratar-se de um conhecimento que se obtém pela fé, com o auxílio da graça e que, portanto, o irlandês não se livra do agnosticismo na ordem filosófica. Podemos admitir, entretanto, que o mestre carolíngio não chegou filosoficamente ao conhecimento de Deus, de seus atributos da criação, sem partir da fé e pretender obter uma inteligência racional dos dados da fé guiada pela mesma fé e pela graça. Por isso em sua obra não se pode fazer uma estrita separação entre teologia e filosofia. Mas devemos dizer que quando o Mestre explica racionalmente os dados que obteve pela fé cria verdadeira especulação e nela encontramos elementos genuinamente filosóficos. Encontramos, por exemplo, uma prova da existência de Deus a partir das criaturas. (Silonis, 1967, citado por Silva, 2006, p. 96)

Nessa síntese, podemos ressaltar que as criaturas são participantes de Deus e que por elas podemos conhecê-lo, mesmo que para nós ele ainda permaneça incognoscível, ou que não possamos compreendê-lo da forma como ele realmente é.

4.3
A sabedoria de Deus

Para Erígena, a sabedoria de Deus é a fonte da verdadeira autoridade, sendo que esta não se opõe à reta razão – uma apresenta-se como caminho para a outra. E Deus só é Deus porque desde sempre foi gerador dessa sabedoria, gerador do próprio *logos*, e nele estão contidos os arquétipos de todas as coisas.

> *Trata-se de ideias, modelos, espécies e formas que expressam o pensamento e a vontade de Deus, chamados também de "predestinações" ou "vontades divinas", por imitação às quais as coisas se formarão. Vista sob essa ótica, toda a criação é eterna: '"Tudo aquilo que está nele permanece sempre e é vida eterna".* (Reale; Antiseri, 2003b, p. 137)

Essa sabedoria de Deus faz parte da quadrúplice divisão da natureza – o *logos* é a natureza que é criada e que cria.

Quanto às mônadas*, os números procedem delas, e em sua procissão se multiplicam e recebem uma ordem. Porém, consideradas em sua origem, as mônadas não formam uma pluralidade, mas são indivisas uma das outras. Assim, as causas primordiais, segundo existem no Verbo, são uma, e não realmente diferentes, embora em seus efeitos, que são pluralidades ordenadas, são múltiplas. A mônada não se diminui, tampouco se modifica pela derivação de seus efeitos. Portanto, "em qualquer grau que se a considere, a produção dos seres por Deus não é mais que uma teofania" (Gilson, 2001, p. 254). Para Erígena, não existe criatura sem teofania, tudo o que acontece é pela manifestação de Deus.

> *Intuitivamente, tem-se a ideia de que o criador é causa do Ser da criatura, e o que define uma criatura, como tal, é o fato de que recebe seu Ser do criador. Assim, por exemplo, o cientista da computação, ao criar um programa para ser usado na indústria mecânica, dá tanto o "Ser" como a existência a tal programa. Daí concluir-se, de maneira bem simplificada, que se tenta reduzir tudo às relações de causa e efeito. Entretanto, Eriúgena pensa no que são as relações entre o signo e o que a coisa (objeto),*

---

* Podemos dizer que são substâncias espirituais que compõem todas as coisas do universo (inclusive as corpóreas). Segundo Abbagnano (2007, p. 680): "Por ter significado diferente de *Unidade* (V), esse termo designa uma unidade real inextensa, portanto espiritual".

e o que significam na ordem do conhecimento. O Deus de Eriúgena, o grande construtor, é um princípio que, dentro da tradição católica, é incompreensível ao intelecto humano, desenvolve, de um só golpe, a totalidade de suas consequências a fim de nelas se revelar. (Santos, 2009, p. 62)

O Deus apresentado por Erígena não age fora de si, senão como manifestação à qual podemos denominar *teofania*. "O papel que a noção de teofania tem na sistemática erigeniana dificilmente pode ser exagerado: é precisamente essa noção que proporciona o vínculo que totaliza a realidade e articula suas diferenças, que permite pensar a dinâmica relação do Uno com o Múltiplo, de Deus com as criaturas" (Cantón Alonso, 1992, p. 213, tradução nossa). Compreender essa dinâmica é perpassar a ideia de que, para Erígena, Deus se manifesta pela criação, e para ele, criação é emanação. Não podemos nos esquecer desse pormenor, pois a emanação é o detalhe que une a natureza não criada com a criada, fazendo de ambas apenas uma.

A criação de Deus se identificando com ele próprio passa a ser considerada como seu trabalho necessário e, assim, Deus cria um elo entre sua natureza infinita e toda a sua criação finita. Não podemos conceber a ideia de Deus sem a sua criação, pois seus atributos divinos requerem que ele crie. Esses atributos de Deus são, ao mesmo tempo, as realidades do mundo fenomenal. Essa ideia deixa de lado uma concepção de pensamento como algo na mente, para incorporar esse "algo" com uma existência real e objetiva no *logos*. Antes de tudo existir de forma fenomenal, já havia se formado em Deus o pensamento, a palavra. A palavra seria uma união dos ideais, uma forma original de tudo, em um plano eterno, imóvel e imutável. Erígena identifica os pensamentos necessários de Deus pela palavra.

Dessa maneira, podemos ter a palavra identificando-se com a corporeidade, mas, da mesma maneira, a palavra é sem forma e incorpórea, e pode ser conhecida apenas pela via racional. Aristóteles já havia dito que a matéria é mera potência dessa relação de movimento. Erígena não diferirá desse princípio aristotélico, pois a matéria, para ele, é apenas a participação da forma e da imagem, que, por serem incorpóreas, só podem ser conhecidas pela razão.

> [...] A inteligência pensa em ato o que é mais perfeito e o que lhe é conveniente, o mais digno, o que não muda, e isso não está fora de si: "Portanto a inteligência pensa-se a si mesma, já que ela mesma é o óptimo, e o pensamento é o pensamento do pensamento". Se se trocar o ato de pensamento pelo de amar, que segundo Escoto é o mais digno, e que na definição joânica é o modo de ser de Deus (Deus caritas est), então Deus ama-se necessariamente a si mesmo. (Figueiredo, 2009, p. 93)

Pensar a inteligência como aquela que pensa a si mesma, e o caminho do pensamento de Deus como fruto desse *logos*, é reconhecer, sob a ótica de Erígena, a sabedoria de Deus como aquela que, amando a si mesmo, ama toda a natureza que se estende de si. E a partir do seu ideário cristão, Erígena pensa a teofania de Deus como a própria revelação do amor, ou do modo de ser de Deus, o que poderíamos afirmar ser o cerne de sua filosofia.

> Assim, sua participação na essência divina é sua tomada sobre si mesma, e essa tomada é a efusão da Sabedoria Divina, a qual é a substância e essência de todas as coisas, e é o que quer que se entenda que está naturalmente nelas. Ouça-o também sobre o progresso de Deus através de todas as coisas e sua permanência n'Ele, na carta que ele escreveu respondendo ao pontífice Tito, que perguntara o que era a Casa da Sabedoria, o que era seu vasilhame, sua comida e sua bebida. "A Sabedoria Divina", disse ele, "prepara dois tipos de comida, uma sólida e comestível, a outra úmida e escorregadia, e oferece num vasilhame seus bens providenciais. O vasilhame, sendo redondo e tendo as bordas curvadas para fora, é um símbolo da Providência de todas essas coisas, pois de uma só vez se difunde através de todas as coisas e abarca todas as

coisas, sem começo e sem fim". (Escoto Eriúgena, 1987, p. 263-264, [Livro III, 644CD, tradução nossa])

A sabedoria divina abarca todas as coisas, e talvez elas não existiriam se não tomassem sobre si participação da mesma essência do criador. A vontade dessa essência e seu ato é o que chamamos de *vida* – uma vida livre que se achega à aspiração humana. E por ser todo amor, como mencionamos mais acima, o homem também participa ontologicamente dessa natureza divina e de vocação ao amor. No próximo tópico, trataremos desse "homem" e do seu papel na filosofia de Erígena.

4.4
O papel do homem e a epopeia do retorno

Partindo da premissa de que não existe criatura sem a teofania, podemos iniciar este tópico ressaltando o papel do homem com base na filosofia de Erígena. Este "afirma que Deus cria a si próprio criando os seres. Essa ideia de criação e autocriação constante de Deus e de sua obra é retomada, no século XX, por Teilhard de Chardin quando analisa o processo evolutivo, ao longo dos séculos, do homem enquanto espécie ontobiológica" (Santos, 2009, p. 64). O homem é parte de toda a criação de Deus; mas não podemos pensar que ele é apenas uma simples criação, apesar de possuir uma natureza dotada de finitude em si; podemos encontrar nele também uma grande parcela de infinitude, o que o faz transcender as outras criaturas.

No homem, há sinais, como a linguagem, que identificam este ser no âmbito da infinitude divina. "Erígena, tendo seguido uma extensa tradição, descreve o homem como realidade que contém e reúne toda criatura" (Cantón Alonso, 1992, p. 217, tradução nossa). Dotado de linguagem, o homem, assim, será sinal de Deus na terra e, segundo as escrituras, imagem e semelhança do criador, e foi criado para viver e pensar o mundo.

Em Erígena, o homem se encontra dentro da teofania, a qual é dividida em três partes.

De forma introdutória, pode ser comparado com a tríade (tese, antítese e síntese) hegeliana, pois os anjos formam a primeira divisão das teofanias, sendo a tese. As substâncias corpóreas e visíveis [os animais e os vegetais] são a antítese e o homem, como resumo das fases anteriores e superação de ambas, é a síntese. (Santos, 2009, p. 65)

Porém, acompanhando o raciocínio de Santos (2009), colocar o homem como síntese, dentro do panorama cristão católico, poderia gerar alguma controvérsia, se pensarmos no homem pelo viés de sua decadência como fruto do pecado. Assim, de acordo com Santos (2009, p. 65-66):

Deus não dividiu as teofanias aleatoriamente, pois, como afirma Étienne Gilson, elas "não se comunicam aos anjos em bloco e indistintamente, mas em ordem hierárquica, com os anjos mais perfeitos recebendo sozinhos as primeiras e transmitindo-as de Ordem em Ordem até os anjos menos elevados" (GILSON, 1995, p. 258). Essa ordem decrescente de teofania vem caminhando até que a última ordem angelical transmite a ordem superior da hierarquia da Igreja (o papa, cardeais e bispos), dentro da tradição católica, e essa, por sua vez, as outras ordens, padres e freiras, até chegar aos indivíduos em seu cotidiano.

Apesar das objeções à perspectiva de se pensar o homem como ápice da teofania, Erígena o faz sem esquecer o caráter bíblico, ou seja, a doutrina de que o homem é imagem de Deus. Por isso, o homem, corpóreo, passa a ser a síntese dessa teofania, pois o corpo é a antítese do imaterial angelical, que, por sua vez, encontra sua síntese na humanidade criada por Deus e possui, assim, um caráter mediador.

Em sua obra, Eriúgena vai dizer que "a afirmação de homem é a negação de anjo, mas a negação de homem é a afirmação de anjo e vice-versa" (Escoto Eriúgena, 1984, p. 48; Livro I, 444B, tradução nossa). Quanto à definição de *homem*, somente aquele que o criou pode defini-lo. Erígena ressalta que "o que define é maior que o que é definido" (Escoto Eriúgena, 1984, p. 104; Livro I, 485B, tradução nossa). Assim, podemos dizer que a teofania está presente tanto na criação pelo livro (Bíblia) quanto na natureza. O homem está presente em ambas. Para Erígena, Jesus Cristo, como essência da natureza humana, é o centro das duas formas de criação. Pelo pecado, o homem perde o seu ser e somente o recupera pela graça encontrada no caminho. Assim, em Cristo, o homem recupera a sua imagem divina que foi perdida no momento em que se afastou de Deus ou permaneceu no caminho do pecado. Dessa forma, o homem tende a retornar à imagem divina que as vicissitudes da vida lhe proporcionam perder em algum instante.

O quarto e o quinto livros da obra *De divisione naturae* apresentam a ideia da epopeia do retorno. Segundo Reale e Antiseri (2003b, p. 138) "o tempo intermediário entre a origem e o retorno é ocupado pelo esforço do homem para reconduzir tudo a Deus, na imitação do Filho de Deus, que, encarnando-se, recapitulou em si o universo e mostrou o caminho do retorno". Por isso a importância em refletir sobre a encarnação de Deus, que é um fato marcante não somente na história, mas em toda a filosofia e a teologia de Erígena. Segundo Reale e Antiseri (2003b, p. 138),

o retorno se dá em fases: a dissolução do corpo nos quatro elementos, a ressurreição do corpo glorioso; a dissolução do homem corpóreo no espírito e nos arquétipos primordiais; por fim, a natureza humana e suas causas, que se movem em Deus como o ar na luz. Então, Deus será tudo em cada coisa; aliás, não haverá nada mais além de Deus. Não se trata de dissolução da individualidade, mas na sua conservação da mais elevada forma: como o ar não perde sua natureza quando penetrado pela luz, e o ferro não se anula quando se funde ao fogo, da mesma forma toda natureza se assimilará em Deus sem perder sua individualidade, ontologicamente transfigurada e não anulada.

Deus é o fim na medida em que tudo se volta a ele para encontrar o repouso de seu movimento e a perfeição que aguarda todas as coisas.

Ele é a causa principal porque desde ele mesmo e por ele e sua consequência é o fim de tudo e tudo tende a ele mesmo. Portanto, princípio, meio e fim. Princípio porque desde ele, tudo participa da essência. Meio porque nele mesmo e por ele se subsistem e se movem. E também fim porque para ele se movem pelo desejo da própria quietude de seu movimento e a estabilidade de sua perfeição. (Escoto Eriúgena, 1984, p. 59; Livro I, 451D, tradução nossa)

Assim, todas as coisas são levadas a ele por um movimento natural até que nele encontrem repouso eternamente.

Os seres manifestados e hierarquizados no seu inventário tal como se lê no De divisione naturae *irão ser reconvertidos a uma* deificatio, *que completa o ciclo da processão e retorno e reconstitui a unidade primordial. Nesta medida, entende-se o estatuto ontológico da natureza não criadora nem criada identificada com Deus, como fim e perfeição à qual aspiram todas as criaturas.* (Silva, 1973, p. 298)

A ideia que o conceito de *deificatio* apresenta é muito cara a Erígena e perpassa a conceituação de que a deificação seria uma proposta do homem se tornando Deus, o que era um conceito mais difícil para os latinos, mas uma temática grega que estava presente em seu trabalho. Tal ideia tem origem oriental e abriu para Erígena um novo horizonte para a compreensão da realidade humana e divina. Enquanto Deus retorna a si mesmo, as coisas, os homens etc. se deificam, ou seja, se resolvem no todo divino. A isso podemos dar o nome de *théosis*, que significa "fazer-se Deus", em que há a superação de toda a finitude humana em Deus.

Síntese

Neste capítulo, vimos alguns conceitos sobre a manifestação de Deus, sobretudo a partir da obra *De divisione naturae* de João Escoto de Erígena. Ele classifica a natureza de maneira quadridimensional: (1) a natureza criadora e não criada; (2) a natureza criadora e criada; (3) a natureza não criadora e criada; e, por fim, (4) a natureza não criadora nem criada.

No decorrer do capítulo, constatamos que Erígena vê na sabedoria divina uma fonte de autoridade, e que Deus é aquele que é porque foi gerador dessa sabedoria e do *logos*. Para Erígena, Deus não age fora de si a não ser por manifestação, a qual se dá o nome de *teofania*. Sem ela não há criatura, não há homem. Entre a origem e o retorno do homem há o tempo intermediário, em que o homem se esforça para conduzir-se rumo a Deus, na imitação do filho de Deus. Por isso, temas como a *encarnação do Verbo* e a *deificação* são muito importantes para Erígena, pois marcam o momento em que tudo volta-se para o todo divino.

Indicações culturais

Artigo

> SANTOS, I. O. dos. A teofania no pensamento de Scoto Eriúgena. **Ágora Filosófica**, ano 9, n. 1, p. 61-72, jan./jun. 2009. Disponível em: <http://www.unicap.br/ojs/index.php/agora/article/view/73/71>. Acesso em: 4 jan. 2018.
>
> De uma forma simples e sem perder o teor acadêmico, o professor Dr. Ivanaldo Oliveira dos Santos apresenta as principais ideias sobre a teofania a partir do pensamento de Erígena. O artigo contém uma vasta referência bibliográfica de autores comentadores de Erígena.

Livro

ESCOTO ERIÚGENA, J. **Periphyseon**: Division of Nature. Montreal: Bellarmin, 1987.

Essa versão em inglês, traduzida por Sheldon-Williams, é muito bem organizada e traz de uma forma simples o texto original do autor, com suas referências originais às margens de cada parágrafo.

Vídeos

Há disponível no Youtube uma série de aulas em espanhol sobre as obras de Nicolau Abbagnano que abordam a filosofia de João Escoto de Erígena. São aulas ministradas pelo professor Gerardo Ferrétiz de León, intituladas *História de la filosofia*. O volume referente a Erígena é o Volume 1, números de 77 a 80. São aulas de aproximadamente 15 minutos e que, por terem fins didáticos, não são difíceis de acompanhar por quem não domina o espanhol.

Atividades de autoavaliação

1. Sobre a obra *De divisione naturae*, de Erígena, assinale a alternativa correta:
   a) Apresenta de forma inquestionável a origem de Erígena como sendo irlandesa.
   b) A divisão apresentada, ainda que determinada por circunstâncias histórico-filosóficas antecedentes, aparece de um modo originário primeiramente no pensamento de Agostinho.
   c) Nela o autor demonstra uma forte influência dos padres da Igreja grega, mas prefere a erudição helênica.
   d) Enumera e consciencializa ética e, historicamente, a natureza como quadridimensional.

2. De acordo com as ideias de Erígena na obra *De divisione naturae*, marque V para verdadeiro e F para falso:
   ( ) Tudo indica que a referida obra permaneceu inédita durante a vida do autor.
   ( ) Nenhuma das ideias de Escoto são tomadas de Dionísio, que é compreendido por meio de Máximo, o confessor.
   ( ) Ele fora influenciado por um autor grego conhecido como Pseudo-Dionísio, cujas ideias abordavam as questões sobre Deus, afirmando que, para conhecer a Deus, é necessário passar de uma via positiva a uma negativa.
   ( ) A literatura clássica cristã ou grega apresenta um Deus que se manifesta na criação, mas, para Erígena, essa manifestação acontece para si próprio em primeiro lugar, e somente depois se manifesta aos outros seres criados.

3. Leia as afirmações a seguir acerca da obra *De divisione naturae*:
   I) Apresenta a ideia de Deus que está além de toda oposição, por isso podemos afirmar que, na base da teologia afirmativa, encontra-se uma teologia apofática.
   II) Percebemos que, entre Pseudo-Dionísio e o neoplatonismo, existe a barreira do Deus criador, pessoal, distinto das criaturas.
   III) O Deus de Erígena é o Deus da revelação judaico-cristã.
   IV) O mestre carolíngio não chegou a ler Agostinho e Dionísio, mas suas ideias contestavam as suas autoridades, com vistas a realizar uma verdadeira filosofia.

   Estão corretas apenas as afirmativas:
   a) I, II e IV.
   b) II, III e IV.
   c) II e III.
   d) I, II e III.

4. Assinale a alternativa que contenha o nome do pensador que preenche corretamente as duas lacunas na citação a seguir:

O mestre carolíngio leu _____ *e Dionísio não para contestá-los e opor-se as suas autoridades, mas como proponente de uma verdadeira filosofia; consequentemente ele está normalmente de acordo com ambos. Assim, no segundo livro do* Periphyseon *(II, 597D), ele cita ambos sobre a matéria da ignorância divina (divina ignorantia); para* _____: *"Deus é melhor conhecido pela ignorância", para o [Pseudo-] Dionísio: "Sua ignorância é verdadeira sabedoria" (II, 597D).* (Silva, 2006, p. 24)

a) Agostinho.
b) Abelardo.
c) Gotescalco.
d) Boécio.

5. De acordo com o pensamento de Erígena, podemos afirmar que há no homem sinais que o identificam no âmbito da infinitude divina. Nesse contexto, podemos entender a palavra *sinais* como:
a) Manifestações sobrenaturais.
b) Linguagem.
c) Desejo de ser como Deus é.
d) Mesma natureza de Deus.

Atividades de aprendizagem

Questões para reflexão

1. Por que a filosofia de Erígena apresenta Deus como incriado e criador?

2. Segundo Erígena, como podemos descrever a sabedoria de Deus?

3. Analise a afirmativa a seguir e construa uma resposta para justificar se a ideia de Santos (2009) está alinhada ou não à ideia de Deus pensado por Erígena:

> Intuitivamente, tem-se a ideia de que o criador é causa do Ser da criatura, e o que define uma criatura, como tal, é o fato de que recebe seu Ser do criador. Assim, por exemplo, o cientista da computação, ao criar um programa para ser usado na indústria mecânica, dá tanto o "Ser" como a existência a tal programa. Daí concluir-se, de maneira bem simplificada, que se tenta reduzir tudo às relações de causa e efeito.
> (Santos, 2009, p. 62)

4. Tendo como fonte elementos orientais, Erígena admite que toda a criação é apenas uma participação de Deus, ou seja, a participação seria uma divisão de coisas existentes, o que caracteriza um cunho panteístico em seu pensamento. Sendo o Deus de Erígena, o Deus da revelação judaico-cristã, como podemos compreender essa junção com elementos orientais de cunho panteístico? Você concorda ou discorda da filosofia de Erígena? Justifique sua resposta.

5. Considerando a frase a seguir, escreva o que você compreende pelo emprego do termo *apofático*. Em seguida, reflita sobre esse termo e a aplicabilidade dele com base na filosofia de Erígena.

> Deus está além de toda oposição, por isso podemos afirmar que, na base da teologia afirmativa, encontra-se uma teologia apofática.

Atividade aplicada: prática

1. A partir da leitura do artigo *A teofania no pensamento de Scoto Eriúgena*, do professor Dr. Ivanaldo Oliveira dos Santos, elabore

um resumo das principais ideias desenvolvidas. Você pode acessá-lo e aproveitar a leitura do artigo científico para se acostumar com o formato de textos exigidos pelas revistas científicas de todo o país.

SANTOS, I. O. dos. A teofania no pensamento de Scoto Eriúgena. Ágora Filosófica, ano 9, n. 1, p. 61-72, jan./jun, 2009. Disponível em: <http://www.unicap.br/ojs/index.php/agora/article/view/73/71>. Acesso em: 4 jan. 2018.

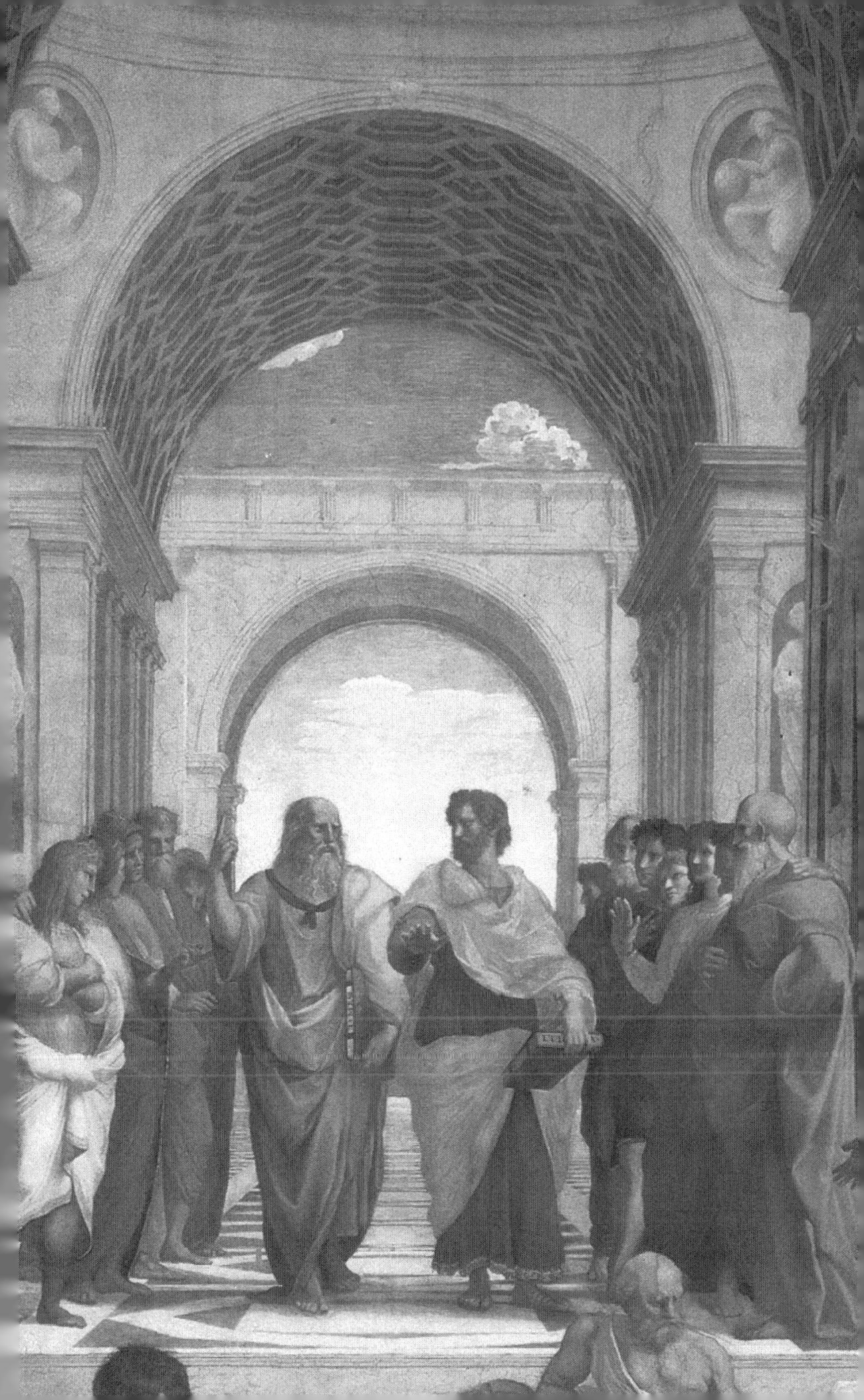

5

A filosofia como linguagem da verdade

O objetivo deste capítulo é apresentar a filosofia como um caminho racional para a verdade – a que é procurada pelos medievais tem em sua essência o desejo de desvelar o mundo para se encontrar o divino em toda a natureza. Tanto é que, ao escrever para Abelardo, em uma de suas cartas, Heloísa menciona que a própria Bíblia, se não racionalizada e contextualizada, não tem o mesmo valor, e complementa dizendo que seria como dar um espelho a um cego.

Dessa forma, apresentamos, neste capítulo, a forma como a filosofia e a linguagem podem contribuir para nos aproximar da verdade. Tendo essa questão como norteadora, visamos oportunizar um debate relevante para os estudos da filosofia medieval pautados na questão do discurso. Desde os tempos mais remotos, o ser humano começou a sentir a necessidade de comunicar-se e de estabelecer diálogos com seus semelhantes, visando expressar seus pensamentos por meio de diferentes linguagens, as quais foram se modificando ao longo dos tempos e estruturando, conforme a necessidade, a cultura e o contexto histórico em que estavam inseridas.

5.1
A obra Sic et non, de Abelardo

Pedro Abelardo (1079-1142) é considerado um dos pensadores mais importantes e ousados do século XII. Teólogo e filósofo medieval, nasceu em Le Pallet, perto de Nantes, na França. Filho de uma família nobre e de muita cultura, desde a infância foi orientado para o estudo do *trivium* (gramática, retórica e dialética). "Foi discípulo de Roscelino*, um dos principais defensores do nominalismo** nesse período, e de Guilherme

---

* "Roscelino, ou Roscelino de Compiègne, filósofo francês escolástico, foi mestre de Aberlado e de Guilherme de Champeaux. Considerado como o fundador do nominalismo, foi obrigado a abjurar sua doutrina sobre a Trindade, no Concílio de Soissons, em 1092" (Japiassú; Marcondes, 2001, p. 168).

** Era uma forma de pensar marcada pelo ceticismo e que rejeitava toda forma de platonismo. Afirmavam que além das substâncias singulares só existia o nome puro e que, para além da individualidade, nada existe. Assim, os universais não passariam de meros nomes, palavras sem nenhuma referência a nada objetivamente.

de Champeaux*, defensor do realismo**, contra o qual polemizou posteriormente" (Japiassú; Marcondes, 2001, p. 7).

Abelardo defendia outra ideia acerca dos universais, não atribuindo universalidade às coisas, tampouco a nomes, falas e linguagens, pois tudo possui sua própria individualidade, ou seja, ele anunciava uma unidade entre a matéria e a forma. Ele também foi professor de Teologia e de Filosofia em Paris, onde durante muitos anos alcançou triunfo por toda a Europa devido a suas ideias e teorias.

Carismático, simpático e inteligente, Abelardo atraiu alunos de diferentes províncias para acompanhar suas aulas, entre os quais estava Heloísa, sobrinha de Fulberto, o poderoso cônego de Notre Dame. Mulher de inteligência e beleza incomparáveis, Heloísa atraiu os olhares de Abelardo, que se apaixonou perdidamente. Ele desejava ser clérigo, e ainda que não tivesse os votos da ordenação, deveria zelar e se dedicar integralmente aos estudos de filosofia e à escola. Descobertos por Fulberto, o casal se separou, e Heloísa refugia-se na casa da irmã de Abelardo, em Bretanha, onde tem um filho, chamado *Astrolábio*.

O casamento secreto de Abelardo e Heloísa em Paris fez com que uma série de medidas fossem tomadas por Fulberto contra o casal. Por segurança, Heloísa é levada para a abadia de Argenteuil e Abelardo torna-se monge, ingressando na abadia de Saint-Denis. Mais tarde, a fim de lecionar, Abelardo

> Desde cedo, Abelardo se dedicou ao estudo da dialética – não à toa que é considerado o precursor da escolástica

---

*   Guilherme de Champeaux (1070-1121), "filósofo francês escolástico; foi discípulo de Roscelino e mestre de Abelardo, que posteriormente se tornou seu adversário" (Japiassú; Marcondes, 2001, p. 34).
** Estes, de influência platônica, acreditavam que há, sim, uma correspondência entre os conceitos universais e a realidade. Assim, os universais subsistem entre si, como arquétipos, modelos.

parte para Maisoncelle, na Champagne, onde novamente atraiu inúmeros alunos e continuou seus estudos teológicos e filosóficos. Durante esse período conturbado, o filósofo escreveu importantes obras, dentre as quais destacam-se: *Dialética, As glosas, A teologia cristã* e *Sic et Non* ("Sim e não"), sendo esta última obra a que utilizaremos neste capítulo para tecer nossas reflexões acerca da linguagem.

Desde cedo, Abelardo se dedicou ao estudo da dialética* – não à toa que é considerado o precursor da escolástica**. Ele traz, a partir da obra *Sic et Non*, uma inovação ao método de ensino da escolástica, o que lhe confere importância singular para a história e progresso da filosofia. "O Mestre Pedro Abelardo foi, incontestavelmente, a maior figura filosófica do século XII e teve um papel decisivo no desenvolvimento do método teológico que preparou e tornou possível o método escolástico do século XIII" (Rocha, 1996, p. 183). *Sic et Non* foi escrita no século XII, provavelmente entre os anos de 1121 e 1132. Nela, há 158 questões reunidas, organizadas em três conjuntos (fé, sacramento, caridade), visando enfatizar o método dialético no estudo da teologia, isto é, o cuidado com o uso, o entendimento e a comunicação das palavras.

Fundamentando suas ideias na lógica e na dialética, Abelardo fez mais que apenas contribuir para a filosofia e para a teologia do seu

---

*　"Método dialético: na concepção clássica, sobretudo na interpretação platônica da filosofia socrática, o método dialético é aquele que procede pela refutação das opiniões do senso comum, levando-as à contradição, para chegar então à verdade, fruto da razão" (Japiassú; Marcondes, 2001, p. 130).

**　"Termo que significa originariamente 'doutrina da escola' e que designa os ensinamentos de filosofia e teologia ministrados nas escolas eclesiásticas e universidades na Europa durante o período medieval, sobretudo entre os séculos IX e XVII. A escolástica caracteriza-se principalmente pela tentativa de conciliar os dogmas da fé cristã e as verdades reveladas nas Sagradas Escrituras com as doutrinas filosóficas clássicas, destacando-se o platonismo e o aristotelismo" (Japiassú; Marcondes, 2001, p. 65).

tempo: suas ideias passam a inspirar importantes pensadores, como São Tomás de Aquino na *Suma Teológica*, e a intervir em áreas como as ciências jurídicas, por exemplo.

Sic et Non é dividida entre questões teológicas e filosóficas. Abaixo de cada uma delas há uma citação afirmando (*sic* = sim) e outra negando (*non* = não) as questões elencadas, representando a posição diante das escolhas.

Acontece que assim como uma pessoa é rica em ideias, também o é em palavras. Segundo Cícero: "A identidade em todas as coisas é a mãe da saciedade", isto é, provoca fastídio. Por isso convém que num mesmo assunto as palavras variem, e que nem tudo seja apresentado com palavras vulgares e comuns, pois, como diz santo Agostinho, certas coisas são encobertas para que não percam valor, e são tanto mais preciosas quanto com mais diligência foram investigadas e com mais esforço conquistadas. (De Boni, 2005, p. 116-117)

Nesse sentido, *Sic et Non* reúne prólogos e uma compilação sistemática de textos dos primeiros Padres da Igreja, conferindo assim, a intersecção entre os escritos de lógica e de teologia. A partir dessa obra (Sim e Não), "trabalha-se dialeticamente sobre os argumentos, o que não apresenta uma visão geral sobre as questões teológicas que se consideravam mais importantes no momento ou que estavam em pleno debate" (Calabrese, 2014, p. x, tradução nossa). Sendo assim, a obra passa pela interpretação das escrituras, pelas citações listadas e pelos diversos comentários dos Padres da Igreja, alguns deles considerados santos. As contradições dos discursos nao escaparam à Aberlado.

Segundo Gilson (2001, p. 342), "Abelardo declara expressamente [...] que reuniu essas contradições aparentes para levantar questões e suscitar nos espíritos o desejo de resolvê-las". Assim, ao estabelecer o confronto entre os textos, não há o anseio em contradizer as autoridades referidas – prática comum entre as escolas –, mas em buscar soluções para as locuções e seus significados, conferindo o real sentido ao que chamamos de *hermenêutica*. "Por causa da enorme quantidade de coisas que foram ditas, mesmo algumas das declarações dos santos, que não só diferem entre si, mas mesmo parecem contrárias, é arriscado levá-las a julgamento uma vez que hão de ser os juízes do mundo" (Calabrese, 2014, p. x, tradução nossa). Vale a ressalva de que não há um parecer ou defesa de seu pensamento na obra *Sic et Non*: Abelardo simplesmente tece considerações favoráveis ou contrárias sobre diversas citações.

Algumas questões levantadas por Aberlardo em suas aulas para que seus alunos se posicionassem podem ser assim representadas: Será que Deus sabe todas as coisas? Deus tem livre-arbítrio? Deus foi gerado? O filho de Deus foi predestinado? O homem perdeu o livre-arbítrio quando pecou? Somente Eva foi seduzida ou Adão também foi? Os anjos bons e santos conhecem todas as coisas? O anjo (diabo) caiu do céu antes da criação do homem? Os anjos foram criados antes que o Céu, a Terra e todas as criaturas? Deus é semelhante a nós e a nosso corpo? Deus é incorpóreo e invisível? A cada uma dessas questões ele listava uma série de possibilidades de respostas, citando desde a Sagrada Escritura até os santos da Igreja. As respostas eram curtas, mas apresentavam uma série de possibilidades:

Q. 033: <u>Não se pode resistir a Deus. E o oposto.</u>

O SALMISTA: Tu és terrível; quem pode te resistir?

ESTER: Senhor, rei onipotente, tudo está posto em teu domínio e não há quem possa resistir a tua vontade.

O APÓSTOLO, AOS ROMANOS: Quem pode resistir a sua vontade?

O SALMISTA: *Protege-me de quem resiste à tua destra.*

ESTEVÃO, NOS ATOS DOS APÓSTOLOS: *Vós sempre resistis ao Espírito Santo, como vossos pais.*

MARCOS: *Jesus lhes dizia que não há profeta sem honra, senão na sua terra, entre os seus parentes e na sua casa.* (Abelardo, 2014, p. 57, tradução nossa)

Questões como essas são norteadoras na obra *Sic et Non* e guiavam os debates, o que confere o sentido real da dialética à obra – "o verbo dialeghestai em seu sentido etimológico de 'dialogar', isto é, de fazer passar o logos na troca entre dois interlocutores. A dialética é um instrumento de busca da verdade" (Japiassú; Marcondes, 2001, p. 54). Assim, nos diálogos, há um significado próprio para cada palavra, muitas vezes desconhecido, todavia, deve-se atentar ao seu uso e sentido, a fim de evitar a confusão entre aquele que fala e aquele que ouve.

> Atendendo também a isto, o diligentíssimo doutor da Igreja, santo Agostinho, ao instruir um mestre eclesiástico, admoesta-o a evitar tudo o que embaraça a inteligência daqueles a quem se dirige, e sugere-lhe que deixe tanto o ornamento quanto a propriedade do discurso, se sem eles puder chegar mais facilmente aos ouvintes.

(De Boni, 2005, p. 117)

Ao longo do livro, fica clara a preocupação de Abelardo em sustentar a obra filosófica sobre um viés hermenêutico, no qual a verdade, que não é absoluta ou determinista, se alcança por meio de um profundo estudo filológico e do trabalho árduo, fundamentais para alicerçar o método utilizado. Pedro Abelardo não se baseia apenas na leitura e na interpretação de texto, mas na busca por esclarecer o sentido das escrituras, promovendo uma limpeza nas palavras, seja por meio da filologia, seja pela hermenêutica.

Segundo Jaspers (1993, p. 139), "todo aquele que se dedica à Filosofia quer viver para a verdade. Vá para onde for, aconteça-lhe o que acontecer [...] está sempre interrogando". Essa busca incansável pela verdade pode ser compreendida na figura de Pedro Abelardo, que, ao criar um método, faz com que a linguagem assuma uma centralidade na filosofia. Assim, Pedro Abelardo fundou escolas de teologia e filosofia, combateu os sistemas de seus mestres Roscelino e Guilherme, foi monge e educador inquieto, poeta do amor, tinha grande domínio das palavras e trouxe uma contribuição significativa para a filosofia. Era um pensador de sua era, mas que continuava fascinando devido a seus debates e a habilidade com as palavras. Nasceu no "século da dialética – a disciplina das disciplinas –, na qual se imortalizou o gênio de Abelardo" (Rocha, 1996, p. 6). Sendo um notório mestre da arte da dialética, procurava desenvolver o uso da razão diante de uma educação que valorizava a religião para o alcance do conhecimento.

5.2
Interpretação filosófica e hermenêutica em busca de clareza

Já na Grécia Antiga, a filosofia passou a esculpir a pedra bruta do conhecer humano, buscando, por meio da linguagem, estabelecer diálogos a fim de encontrar a verdade, processo que originou uma metodologia conhecida como *dialética*. Tal como Abelardo, Sócrates buscava dialogar com diferentes pessoas, na busca por conhecer, por um caminho que levasse à verdade.

Era por meio de uma técnica conhecida como *maiêutica** (*parto*, em grego), que Sócrates entendia que, pelo uso da refutação, ele poderia promover uma espécie de purificação das falsas certezas, levando ao conhecimento verdadeiro. Assim, a filosofia parece contribuir para "extrair", como em um parto, o conhecimento verdadeiro de dentro das pessoas.

Dentre as várias fundamentações, interpretações e pensamentos filosóficos, a **hermenêutica** apresenta-se como importante método nesse processo. Originalmente, o termo tem raízes na teologia, que tinha como principal objetivo a interpretação da Bíblia e dos textos antigos, sobretudo os relacionados aos textos bíblicos. *Hermenêutica* deriva do grego *hermeneutikós*, e do verbo *hermeneuein*, que pode ser definido como "declarar", "anunciar", "interpretar".

Segundo Maximiliano (2011, p. 2):

O vocábulo Auslegung, *por exemplo, abrange o conjunto das aplicações da Hermenêutica; resume os significados de dois termos técnicos ingleses* – Interpretation *e* Construction; *é mais amplo e ao mesmo tempo mais preciso do que a palavra portuguesa correspondente* – Interpretação. *Não é de admirar, portanto, que os alemães, como dispunham de um vocábulo completo para exprimir uma ideia,*

---

* "Enquanto método filosófico, praticado por Sócrates, a maiêutica consiste em um procedimento dialético no qual Sócrates, partindo das opiniões que seu interlocutor tem sobre algo, procura fazê-lo cair em contradição ao defender seus pontos de vista, vindo assim a reconhecer sua ignorância acerca daquilo que julgava saber. A partir do reconhecimento da ignorância, trata-se então de descobrir, pela razão, a verdade que temos em nós […]. O modelo pedagógico conhecido como 'socrático' inspira-se na maiêutica como forma de ensinar os indivíduos a descobrirem as coisas por eles mesmos" (Japiassú; Marcondes, 2001, p. 123).

o adotassem de preferência. Demais, entre eles se tornou comum o emprego de Hermeneutik e Auslegung, como entre nós o de Hermenêutica e Interpretação, na qualidade de sinônimos.

Assim, podemos complementar que "o termo 'hermenêutica' [...] significa declarar, anunciar, interpretar ou esclarecer e, por último, traduzir. Apresenta, pois, uma multiplicidade de acepções, as quais, entretanto, coincidem em significar que alguma coisa é 'tornada compreensível' ou 'levada à compreensão'" (Coreth, 1973, p. 1).

Embora a palavra *hermenêutica* tenha sido empregada no âmbito da teologia, foi a partir da Era Moderna, sobretudo entre os séculos XVII e XVIII, que ela ganhou mais sentido, pois, após a reflexão de alguns doutrinadores tradicionais a respeito desse tema, o olhar atual visa a uma superação do objetivismo metodológico. Este apresentava a ideia de que havia no texto uma única interpretação verdadeira. No entanto, a partir de Hans-Georg Gadamer, foi possível perceber que a interpretação só é possível pelo sujeito, e não apenas pelo texto em si. O papel do intérprete inserido em sua própria cultura interfere na forma como ele compreende e valora as coisas. Por isso, a palavra *hermenêutica* pode ser também considerada uma arte da interpretação, isto é, a interpretação correta e clara das palavras, que já não podem ser tomadas como únicos meios interpretativos, mas que precisam levar em consideração o contexto em que se fala e de quem as interpreta.

A partir do começo da era moderna, o problema se agrava. A Reforma Protestante apregoa a exigência de uma volta à pura palavra da Escritura. Conforme Lutero, a Bíblia não deve ser exposta segundo o ensino tradicional da Igreja, mas apenas compreendida por si mesma; ela é sui ipsius interpres (intérprete de si mesma). O princípio da "scriptura sola" representa um novo princípio hermenêutico, contra o qual a Igreja católica declara expressamente no Concílio de Trento que cabe à

Igreja a interpretação da Escritura, outro princípio hermenêutico, que exige ser a Escritura compreendida a partir de todo o contexto da vida e da doutrina da Igreja. (Machado, 2006, p. 1)

Ao longo desse período, a hermenêutica passou a caminhar por diferentes áreas do conhecimento, uma vez que os problemas de interpretação não estavam restritos à Sagrada Escritura, pelo contrário, estendiam-se a textos literários, históricos, legislativos, profanos e tantos outros, do passado ou do presente, que necessitavam de interpretações mais profundas. Dada à pluralidade de conclusões sobre textos que exigiam uma interpretação, muitos ansiavam por um método capaz de detalhar os significados das palavras.

Assim como os textos da Sagrada Escritura, os textos filosóficos e jurídicos necessitam de um cuidado especial para serem compreendidos, visto que surgiram, foram transmitidos e pensados na história que originou suas formulações. Para a filosofia, Schleiermacher, Dilthey, Heidegger e Gadamer foram fundamentais ao se dedicarem a debates entre hermenêutica e filosofia, emergindo, assim, uma reflexão filosófica interpretativa sobre os símbolos e seus significados.

Os contributos da hermenêutica filosófica para o direito trazem uma nova perspectiva para a hermenêutica jurídica, assumindo grande importância as obras de Heidegger e de Gadamer. Com efeito, Heidegger, desenvolvendo a hermenêutica no nível ontológico, trabalha com a ideia de que o horizonte do sentido é dado pela compreensão; é na compreensão que se esboça a matriz do método fenomenológico. A compreensão possui uma estrutura em que se antecipa o sentido. Ela se compõe de aquisição prévia, vista prévia e antecipação nascendo desta estrutura a situação hermenêutica. Já Gadamer, seguidor de Heidegger, ao dizer que ser que pode ser compreendido é linguagem, retoma a ideia de Heidegger da linguagem como casa do ser, onde a linguagem não é simplesmente objeto, e sim, horizonte aberto e estruturado. Daí que, para Gadamer, ter um mundo é ter uma linguagem. As palavras são especulativas, e toda interpretação é especulativa, uma vez que não se pode crer em um significado infinito, o que caracteriza o dogma. A hermenêutica, desse modo, é universal, pertence ao ser da filosofia, pois, como assinala Palmer, a concepção especulativa do ser que está na base hermenêutica é tão englobante como a razão e a linguagem. (Streck, 2000, p. 165)

Entretanto, você pode estar se perguntando: Por que a linguagem interessa à filosofia? Infelizmente, a filosofia é vista por muitos como inatingível, pouco prática, que se dedica a estudos distantes da realidade que nos cerca e que nada tem a acrescentar.

A opinião corrente é a de que a Filosofia nada tem a dizer e carece de qualquer utilidade prática. [...]

A oposição se traduz em fórmulas como: a Filosofia é demasiado complexa; não a compreendo; está além do meu alcance; não tenho vocação para ela; e, portanto, não me diz respeito. Ora, isso equivale a dizer: é inútil o interesse pelas questões fundamentais da vida; cabe abster-se de pensar no plano geral para mergulhar, através de trabalho consciencioso, num capítulo qualquer de atividade prática ou intelectual; quanto ao resto, basta ter "opiniões" e contentar-se com elas. (Jaspers, 1993, p. 139)

Todavia, a filosofia nasce, justamente, da vontade do ser humano em compreender melhor o mundo que o cerca, em buscar a verdade, e é justamente nesse sentido, insatisfeito com as respostas que (não) encontrava, que o ser humano passou a questionar inquietamente as coisas. A cada nova descoberta, outras novas questões foram formuladas, e esse ciclo foi sendo alimentado por inúmeros debates e fundamentações que trouxeram avanços significativos para a humanidade.

De acordo com Jaspers (1993, p. 140), "o problema crucial é o seguinte: a Filosofia aspira à verdade total, que o mundo não quer. A filosofia é, portanto, perturbadora da paz". É nessa mistura de perturbação, admiração e espanto que a filosofia emerge, tendo como ponto primordial desenvolver a capacidade problematizadora de quem busca conhecer radicalmente. A hermenêutica, nesse sentido, possibilita buscar soluções para as locuções e seus significados, constituindo em um instrumento de enorme importância. Portanto, a hermenêutica é crucial para se chegar à verdade, sobretudo ao buscar um significado mais profundo nas palavras, clareando, assim, as interpretações e levando à compreensão de um objeto de estudo para além da superficialidade.

A hermenêutica tornou-se tão importante para a filosofia que muitos filósofos passaram a considerar o discurso e as interpretações filosóficas como o próprio campo de constituição do significado. Assim, muitos dos problemas filosóficos deveriam ser examinados e analisados através da rede de relações semânticas, isto é, da própria linguagem, com a visão de mundo que a pressupõe.

Em sua teologia cristã, Aberlardo prezou por empregar uma racionalidade em seus discursos e na interpretação da doutrina cristã. E sua postura de querer entender para crer se opunha ao "crer para entender" de Anselmo, pois, segundo Abelardo, é a razão que fortalece a fé. A filosofia tem, então, um papel "intermediário" entre a fé e a razão.

> Compartilhando sua posição, Heloísa chegou a escrever a Abelardo dizendo que, sem essa ratio crítica a Bíblia seria como um espelho colocado diante de um cego. E, com efeito, era a isso que Abelardo visava: tornar mais compreensível o mistério cristão, não profaná-lo nem degradá-lo. Tanto que, falando a propósito de sua exposição sobre o dogma da Trindade, ele declara: "Nós não prometemos ensinar a verdade, que, como é sabido, nem nós nem nenhum outro mortal pode alcançar desse modo, mas apenas propor algo de verossímil que seja acessível a razão humana e não contrário a Sagrada Escritura". (Reale; Antiseri, 2003b, p. 163)

Assim, Abelardo nos orienta sobre a importância da razão para abordar os mistérios da fé, pois ela ajuda a torná-los mais compreensíveis. Recomenda não atribuir verdade para algo com base apenas em sentimentos que temos, sejam eles morais, sejam religiosos ou advindos de um apelo à autoridade, como pode ser a palavra de um santo, de um papa ou de alguém muito importante que fale em nome da Igreja. Para Abelardo, o que é precípuo é submeter sempre o que lemos e ouvimos aos critérios da razão e da interpretação, no intuito de averiguar se o que abraçamos como verdade não está passível de erros ou equívocos.

> Em sua teologia cristã, Aberlardo prezou por empregar uma racionalidade em seus discursos e na interpretação da doutrina cristã. E sua postura de querer entender para crer se opunha ao "crer para entender" de Anselmo, pois, segundo Abelardo, é a razão que fortalece a fé.

5.3
O valor da linguagem

A *linguagem* é entendida como um sistema simbólico, que corriqueiramente utilizamos para comunicar e compreender diversos signos. Ela é um produto da razão humana: o homem é o único animal capaz de criar símbolos. Segundo White (1965, p. 180), "todo comportamento humano se origina do uso de símbolos. Foi o símbolo que transformou nossos ancestrais antropoides em homens e fê-los humanos. Todas as civilizações se espalharam e perpetuaram somente pelo uso de símbolos". Sendo um sistema simbólico, podemos afirmar que:

> Toda linguagem é um **sistema de signos**. O signo, segundo definição do filósofo Charles Sanders Peirce, é uma coisa que está no lugar de outra sob algum aspecto. Por exemplo, o choro de uma criança pode estar no lugar do aviso de desconforto, de fome,

de frio ou de dor; ou pode estar no lugar simplesmente da frustração da criança que não conseguiu o que queria. (Aranha; Martins, 2003, p. 55, grifo do original)

Por exemplo, quando alguém diz "cadeira", rapidamente temos um entendimento sobre o objeto, ainda que não haja nada na linguagem que remeta a qualquer objeto específico – isto é, no som ou na escrita de "cadeira" não há nada que remeta a uma cadeira. Ainda assim, há compreensão, a qual ocorre por meio do signo que expressa uma representação aceita socialmente e que se refere ao objeto – nesse caso, à cadeira. Já imaginou se alguém dissesse "cadeira" e cada interlocutor pensasse em um objeto completamente diferente? Certamente teríamos dificuldades para estabelecer diálogos.

Quando nos referimos a qualquer objeto a partir de uma denominação, passamos a diferenciá-lo de tantos outros, assim, ele só existe na nossa consciência. Essa simples ação de nomear os objetos nos distingue de todos os outros seres, uma vez que essa ação se refere ao mundo simbólico dos objetos, e este só existe em nosso pensamento. Dessa forma, ao nomear qualquer

> Pela linguagem, o homem aprende sua significação sistêmica e seus signos vocais, que nascem de convenções e que expressam sentidos diferentes de acordo com as experiências e situações.

objeto da natureza, nós o individuamos e também nos individualizamos, pois essas caracterizações fazem parte do nosso cotidiano e remetem a nossa própria existência. Dar nomes a objetos e a entidade abstratas (*amor, justiça, caridade*, por exemplo), portanto, é uma capacidade unicamente humana.

A distinção entre linguagem humana e linguagem animal é importante para compreendermos e discriminarmos o próprio ato de comunicar, que não deve ser definido ou entendido como superior ou inferior – são linguagens diferentes entre si. Podemos dizer que a linguagem dos animais é herdada com a programação genética da espécie, isto é, oriunda da organização físico-biológica dos animais, e que objetiva a comunicação de comportamento. Sendo uma linguagem composta de índices, caracteriza-se por ser discurso invariante, pois é incapaz de se dissociar de uma caracterização determinada ou simular novas expectativas de vida que não a que estão sujeitos pela natureza.

A linguagem humana caracteriza-se por ser um produto cultural, isto é, resultado da inserção do ser humano em determinados grupos e contextos sociais. Sendo assim, não é uma herança genética, uma vez que é variável no tempo e no espaço, evolui, transforma-se historicamente. Pela linguagem, o homem aprende sua significação sistêmica e seus signos vocais, que nascem de convenções e que expressam sentidos diferentes de acordo com as experiências e situações.

Nesse sentido, entendemos que a linguagem humana é um sistema de representações criado e (convencionalmente) aceito por todos os membros da sociedade e que permite a manifestação do pensamento e a comunicação entre as pessoas, constituindo, assim, um marco referencial da humanidade, dando sentido à vida e ao mundo ao nosso redor. Foi por meio da linguagem, isto é, da manifestação do pensamento, que diferentes pensadores ao longo da história da filosofia formularam e argumentaram suas teorias, posicionaram e fundamentaram suas ideias e puderam apresentar a filosofia como uma possibilidade de transformação do mundo, o qual o homem passa a compreender e a questionar.

> É a linguagem que permite cultivar o que foi criado pelo ser humano, tanto no que se refere ao material quanto ao espiritual, ao passado ou ao presente, possibilitando a formação do mundo cultural e a sua perpetuação.

A língua é um produto social da faculdade de Linguagem e ao mesmo tempo um conjunto de convenções necessárias adotadas pelo corpo social para permitir o exercício dessa faculdade nos indivíduos. Tomada em conjunto, a Linguagem é multiforme e heteróclita; sobreposta a domínios diversos – físico, fisiológico e psíquico – também pertence ao domínio individual e ao domínio social; não se deixa classificar em categoria alguma de fatos humanos porque não se sabe como determinar a unidade" (Cours de linguistique générale, *1916, p, 15*). *Do ponto de vista geral ou filosófico, o problema da Linguagem é o problema da intersubjetividade dos signos, do fundamento desta intersubjetividade.* (Abbagnano, 2007, p. 626)

Considerando os tipos de linguagens, a **verbal** é constituída pelas palavras, a **não verbal**, pelas imagens, gestos e cores, e a linguagem **mista** ou híbrida, como o próprio nome indica, é constituída pela junção entre a linguagem verbal e a não verbal.

"Por intermédio de uma língua comum um povo pode articular as experiências, problemas, necessidades, interesses, valores etc. que lhes são comuns; e assim a solidariedade cultural se torna possível" (Medina, 2007, p. 194). É a linguagem que permite cultivar o que foi criado pelo ser humano, tanto no que se refere ao material quanto ao espiritual, ao passado ou ao presente, possibilitando a formação do mundo cultural e sua perpetuação.

Nesse sentido, é preciso compreender que a linguagem está intimamente associada à vida das pessoas. Ela é fundamental para nossa experiência humana e para o convívio social – a sua ausência privaria a nossa própria humanidade e o nosso relacionamento com o mundo, ambos interligados, pois, ao conhecer o mundo, aperfeiçoamos nossa comunicação, em um processo contínuo e complementar.

5.4
Questões sobre a verdade em São Tomás de Aquino

Não poderíamos finalizar este capítulo sem mencionar o nome de São Tomás de Aquino, cuja obra será abordada de maneira mais aprofundada no Capítulo 6. Se estávamos tratando da linguagem e da filosofia como caminhos capazes de clarear as veredas da verdade, será com Aquino que teceremos algumas reflexões acerca desse processo de busca da verdade que desembocará em Deus.

Tomás de Aquino (1221-1274), maior expoente da escolástica, nasceu em Roccasecca, sul do Lácio, na Itália. Oriundo de uma família nobre, estudou em Nápoles, na Universidade fundada por Frederico II, e mais tarde continuou seus estudos em Paris, Bolonha e Roma. Entre os anos de 1248 a 1252 teve Alberto Magno* por mestre em Colônia, após este ter retornado de Paris. Entrou cedo na Ordem dos Dominicanos, cuja vida religiosa era mais voltada para as preocupações sociais, uma ordem de pobreza, que atraiu os olhares de Tomás, pois ele ansiava por um espírito liberto dos apelos do mundo. Em 1244 ingressou na ordem dos dominicanos, sofrendo forte oposição da família, que tinha outros planos para sua vida.

Ao integrar-se aos dominicanos, Tomás estudou artes liberais, lógica e a filosofia natural de Aristóteles, autor que passava por um pleno processo de redescoberta no Ocidente.

O pensamento de sto. Tomás está profundamente ligado ao de Aristóteles, que ele, por assim dizer, "cristianiza". Seu papel principal foi o de organizar as verdades da religião e de harmonizá-las com a síntese filosófica de Aristóteles, demonstrando que não há ponto de conflito entre fé e razão. (Japiassú; Marcondes, 2001, p. 16)

---

* "(1200-1280) Homem de saber enciclopédico, donde seu apelido Doctor Universalis, conhecido sobretudo por ter sido mestre de Tomás de Aquino e um dos principais responsáveis pela introdução e difusão do pensamento de Aristóteles na tradição filosófica e teológica medieval. Nasceu na Alemanha e pertenceu à Ordem dos Dominicanos, tendo sido professor na Alemanha e em Paris. Escreveu comentários a praticamente todas as obras de Aristóteles, e divulgou as ciências grega e islâmica no Ocidente cristão" (Japiassú; Marcondes, 2001, p. 10).

Se organizássemos a vasta produção intelectual de Tomás de Aquino, poderíamos agrupá-las em quatro estilos: Comentários (à Lógica, à Física, à Ética de Aristóteles, à Sagrada Escritura etc.), Sumas (*Contra os gentios, Teológica*), Questões (*Da verdade, Da alma, Do mal*, entre outras) e Opúsculos (*Da unidade do intelecto contra os averroístas e Da eternidade do mundo*). Contudo, a sua principal e mais densa obra foi escrita entre os anos de 1265 e 1273: a *Suma Teológica*.

O tema da verdade aparece de alguma maneira nos pensamentos de filósofos como Aristóteles, Platão, Santo Agostinho e Descartes e em correntes filosóficas como existencialismo, escolástica, idealismo e racionalismo. Na filosofia da Idade Média, citamos Tomás de Aquino, que, após longos anos lecionando como Bacharel Sentenciário e como Mestre Regente de Teologia, escreve *De Veritate (Da Verdade)*, definindo a verdade como certa adequação entre a inteligência e a coisa (como ela é).

Na Primeira Parte da *Suma Teológica*, na questão 16, Tomás de Aquino disserta sobre a *verdade*, tema que será abordado nos oito artigos* que compõem essa questão. Ao lermos os artigos, percebemos claramente a influência de Aristóteles. Aquino inicia o capítulo dizendo que parece "que a verdade não está apenas no intelecto, mas principalmente nas coisas" (Tomás de Aquino, 2009c, p. 357; STh I, XVI, 1). A verdade passa a ser compreendida como a própria realidade das coisas – é aquilo que é. E se fosse verdade o que está no intelecto, o seria somente à medida em que pode ser conhecida.

Para o filósofo, a verdade não é algo isolado, pelo contrário, ela não pode ser concebida sem que haja uma relação (de *conveniência*, *correspondência*, entre outros termos que Tomás utiliza) entre a inteligência e a coisa, em que ambas convergem junto com o ser. Essa relação é realista,

---

* Para facilitar a compreensão, a *Suma* é dividida em 3 partes e cada uma das partes é dividida em questões e estas em artigos.

pois, "no caso da relação de adequação, o que está em jogo é a proporcionalidade existente entre a coisa e o intelecto" (Pegoraro, 1979, p. 71), ou seja, a realidade dos entes não depende da minha relação, pois as coisas não são o que eu penso, ao contrário, eu penso o que elas são. Nesse sentido, haverá propriamente uma verdade aprendida quando houver concordância na relação entre a razão que julga e a realidade afirmada.

A primeira consideração quanto ao ente e o intelecto é pois que o ente concorda com o intelecto: esta concordância diz-se adequação do intelecto e da coisa, e nela formalmente realiza-se a noção do verdadeiro. Isto é pois aquilo que o verdadeiro acrescenta ao ente, a saber, a conformidade ou adequação da coisa e do intelecto, a cuja conformidade, como se disse, segue-se o conhecimento da coisa: assim pois a entidade da coisa precede a noção de verdade, contudo o conhecimento é um certo efeito da verdade. (Tomás de Aquino, 1999, p. 149)

Sendo assim, Tomás de Aquino define a raiz do pensar, que é o ser, pois o "não-ser" não pode ser verdade até que a inteligência humana o torne conhecido através da razão. Assim, se não houvesse o ser, nós não poderíamos pensar, pois tudo o que pensamos atribuímos um caráter qualquer. Dessa forma, o filósofo considera que a verdade deve estar nas coisas e no intelecto, formulando, assim, um conceito realista, uma vez que pressupõe a realidade dos entes, isto é, só se pode conhecer a verdade quando se conhece o que é o ser.

Nesse sentido, a verdade está primeiro nas coisas como fontes, e estas são reais; não há falsidades nas coisas, mas há falsidade no intelecto, que pode julgar as coisas. Assim, o homem pode conhecer formalmente a verdade nas coisas, mas para que elas sejam comunitárias, precisam ser uma e ter a raiz no próprio ser das coisas.

Outro ponto importante definido mediante o conceito de verdade em Tomás de Aquino é que ela, a verdade, só se dá formalmente na inteligência, na essência, e isso só ocorre intencionalmente com o que aprendemos. Assim, conhecer algo tem um caráter de intencionalidade, de querer; é imaterial, além da exterioridade; é o desvelamento da essência de algo pela inteligência. Dessa forma, a verdade se dá formalmente na inteligência por um caráter de **intencionalidade**. Essa definição de verdade é oriunda de Isaac Ben Salomon, filósofo e lógico judeu e reformulada por Aquino, retomando a tese aristotélica. Concluiu, assim, que as coisas, e não o intelecto, são a medida da verdade.

Vale ressalvar que a maneira de abordar a verdade dos entes não pode ser aplicada em relação a Deus, pois: "O intelecto divino é mensurante, e não mensurado; a coisa natural é mensurante e mensurada, mas o nosso intelecto é mensurado, e não mensurante, em relação às coisas naturais; é mensurante só em relação às coisas artificias" (Abbagnano, 2007, p. 995). Assim, a verdade lógica é verdade ontológica em Tomás de Aquino, segundo o qual as coisas são verdadeiras à medida que imitam o intelecto divino. Nessa perspectiva, a verdade é o fim último de todo o universo, e só se chega à verdade na medida em que o intelecto se adequar as coisas e as coisas imitarem o intelecto divino. O intelecto, assim como os sentidos, está numa relação de potência para o conhecimento; e o conhecimento faz uma assimilação entre as coisas sensíveis e as inteligíveis, separando-as para extrair o conhecimento verdadeiro, que desde o início chamamos de *adequação da coisa ao intelecto*.

> Sendo assim, Tomás de Aquino define a raiz do pensar, que é o ser, pois o "não-ser" não pode ser verdade até que a inteligência humana o torne conhecido através da razão.

Podemos dizer, nesse sentido, que o corpo é uma parte importante para o processo de conhecimento. Em nosso corpo, ou nas coisas sensíveis, há um ponto capaz de conduzir o homem à Deus. De acordo com Japiassú e Marcondes (2001, p. 17), "portanto, existe também uma verdade das coisas, que é aquilo em virtude do que as coisas se assemelham ao seu princípio, que é Deus; nesse sentido Deus é a primeira e suprema verdade". Não é à toa que São Tomás foi considerado "Apóstolo da verdade" e "Doutor Angélico", devido a sua inteligência inenarrável, que tanto influenciou a filosofia, a teologia e a história da humanidade.

São Tomás diz que, "embora no intelecto divino não haja composição e divisão, entretanto, por sua inteligência simples, julga tudo e conhece todos os objetos complexos. E é assim que a verdade está em seu intelecto" (Tomás de Aquino, 2009c, p. 367; STh I, XVI, 5). Poderíamos nos render à hipótese de que, se a verdade consistisse na divisão do intelecto e se em Deus não podemos encontrar nenhuma composição, tampouco divisão, logo poderíamos pensar que em Deus não há verdade. No entanto, o caminho não é esse, pois, para Tomás de Aquino, mesmo que o conhecimento (a verdade) parta dos sentidos, ele se dá no intelecto. É necessário que aconteça essa assimilação ou adequação da coisa à faculdade cognoscível da alma (intelecto). Assim, a verdade está primeiramente no intelecto divino, e depois no intelecto humano; agora, nas coisas, a verdade está de maneira imprópria, mas necessária para que o homem possa ter ciência das muitas verdades do mundo.

A verdade da "essência da verdade" que surge da Analítica de Heidegger na obra Ser e Tempo, é sustentada logo pela poderosa corrente hermenêutica que se prolonga até os nossos dias e que se contrapõe, por uma parte, à concepção clássica aristotélico-tomista para qual, verdade seria, com as palavras de Gianni Vattimo, "apropriação do ente" em virtude da representação que o sujeito se faz daquela. (Giannini; Velásquez, 1996, p. 12, tradução nossa)

Para o filósofo alemão Martin Heidegger, esse processo de adequação e assimilação aristotélico-tomista não esgota o problema da verdade. Para ele, é preciso buscar a verdade originária, que não está nem na coisa, nem no ideal, tampouco na relação de ambas. Podemos considerar as contribuições de Heidegger como uma abertura, em que o homem percebe a verdade como algo que descobre a coisa em si mesma, ou seja, a verdade é o próprio desvelamento da coisa, suas possibilidades. O fundamento da verdade só pode ser tomado a partir do *Desein*, enquanto ser-no-mundo, um ser-descobridor. Senão for assim, o mundo será repleto de conceitos dados, sem perpassar pela existência dessa relação do sujeito descobridor. Assim, fora dessa estrutura hermenêutica de relação do ser-aí no mundo, teremos apenas a estrutura apofática, que se reduziria em discursos, e não em verdades.

Assim, vale considerar que, diante de um grande panorama de discussões sobre a linguagem e a verdade, temos em Tomás de Aquino um grande referencial não só para a filosofia, mas para a teologia e a Igreja. No próximo capítulo, dedicado exclusivamente a Tomás de Aquino, abordaremos alguns tópicos mais relevantes sobre o seu pensamento e suas obras numa perspectiva de continuidade desse problema da verdade que apontamos aqui, e de outros que são indispensáveis para um debate filosófico a respeito desse autor.

Síntese

Vimos neste capítulo que, desde os tempos mais antigos, a linguagem foi preponderante para a comunicação entre os seres humanos. No século XX, a linguagem se tornou o centro da reflexão filosófica. Foi dado um enfoque para as contribuições de autores medievais e modernos, mas é com Pedro Abelardo e sua obra *Sic et Non* que percebemos o quanto a filosofia pode contribuir para a investigação racional e a justificação da fé. Abelardo foi tão importante que chegou a inspirar pensadores como Tomás de Aquino e a intervir inclusive no campo das ciências jurídicas.

Vimos também que a referida obra de Abelardo é dividida entre questões teológicas e filosóficas e que possui um viés hermenêutico, em que a verdade é o resultado de uma longa disputa de questões e contradições até chegar a um consenso. Discutimos também como a linguagem pode contribuir para dar mais clareza possível à verdade e ao discurso, seja ele filosófico, seja religioso.

Por fim, terminamos o capítulo com uma abordagem sobre a questão da verdade em São Tomás de Aquino. Neste primeiro momento, apresentamos alguns aspectos biográficos e preparamos terreno para o próximo capítulo, que tratará especificamente do Doutor Angélico.

Indicações culturais

Filme

EM NOME de Deus. Direção: Clive Donner. França, 1988. 105 min. *Em nome de Deus* é um drama baseado no romance entre Abelardo e Heloise, com diversas referências à vida e obra de Abelardo e à Heloise, sobrinha do cônego local, detentora de conhecimentos filosóficos e linguísticos e contestadora dos dogmas da Igreja. O filme retrata também a postura da Igreja Católica, principal autoridade local na época, representada pelos seus bispos e as diversas transformações que ocorriam na Europa entre os séculos XII e XIII, período do final da Idade Média e de início da Renascença.

Livros

GADAMER, H.-G. **Hermenêutica em retrospectiva**: encontros filosóficos. Petrópolis: Vozes, 2007. v. 5.

A obra oferece uma contextualização importante sobre ciência da interpretação no mundo contemporâneo. É um livro de referência, pois traz uma leitura básica sobre a corrente filosófica que teve seu auge durante o século XX, oportunizando ao leitor diversas reflexões sobre questões filosóficas atuais.

GRONDIN, J. **Introdução à hermenêutica filosófica**. São Leopoldo: Ed. da Unisinos, 1999. (Coleção Focus, 2).

A obra apresenta exemplos para desfazer a marca teleológica e evolutiva da tradição hermenêutica, oferecendo, assim, uma leitura introdutória, mas significativa, sobre o cenário da hermenêutica filosófica em contextos históricos distintos. O autor retrata o sentido dialético, o círculo hermenêutico e o linguístico, o qual considera ser aquele que emana o pensamento interior, ou seja, aquele que visa à comunicação da alma.

Atividades de autoavaliação

1. De acordo com a trajetória de Pedro Abelardo e sua obra *Sic et Non*, marque V para verdadeiro e F para falso:
   ( ) Desde cedo, Abelardo se interessou em estudar a dialética, não a toa é considerado o precursor da Escolástica, apresentando,

a partir do *Sic et Non*, uma inovação ao método de ensino da Escolástica.

( ) Pedro Abelardo era cristão, mas inconformado com os dogmas da Igreja Católica, por isso o interesse em estudar a Sagrada Escritura com profundo rigor hermenêutico.

( ) O filósofo inaugura um estudo teológico sistemático com base na leitura e na interpretação de textos, como as que realizamos diariamente, mas com serenidade e maestria.

( ) Filho de uma família nobre e culta, Abelardo foi orientado desde muito novo para o estudo do *trivium* (gramática, metafísica e dialética)

2. Sobre a obra *Sic et Non*, de Abelardo, assinale a alternativa correta:
    a) Foi escrita com objetivo de contradizer as autoridades da Sagrada Escritura, alguns considerados santos pela Igreja Católica.
    b) Inaugura o debate sobre a hermenêutica e influencia importantes filósofos, entre eles Platão, São Tomás e Santo Agostinho, o que confere importância e singularidade a Abelardo.
    c) É um convite ao estudo sistemático das palavras, pois apresenta um profundo rigor sobre o entendimento das Sagradas Escrituras, a verdade absoluta.
    d) Reúne prólogos e uma compilação sistemática de textos dos primeiros Padres da Igreja, conferindo, assim, a intersecção entre os escritos de lógica e de teologia.

3. Leia as afirmações a seguir acerca da hermenêutica.
    I) Hermenêutica é um termo oriundo do grego *hermeneutikós*, do verbo *hermeneuein*, que significa *interpretar*. De origem teológica, a hermenêutica tinha como característica a interpretação de textos antigos, sobretudo, os referentes à Bíblia.

II) A hermenêutica, conhecida como filosofia da linguagem, é a parte da filosofia que trata do conhecimento das primeiras causas e dos princípios do mundo, das palavras e seus significados.

III) A hermenêutica contribui para "limpar" a linguagem. Ela é um caminho de clareza e busca da verdade.

IV) Atualmente, a hermenêutica não encontra na filosofia um suporte ou apoio, pois sua utilização foi preponderante apenas na Idade Média.

Estão corretas apenas as afirmativas:

a) I, III e IV.
b) II, III e IV.
c) I e II.
d) I e III.

4. Assinale a alternativa cujo nome do filósofo preenche corretamente a lacuna da citação a seguir:

A verdade da "essência da verdade" que surge da Analítica de _____ na obra Ser e Tempo, é sustentada logo pela poderosa corrente hermenêutica que se prolonga até os nossos dias e que se contrapõe, por uma parte, a concepção clássica aristotélico-tomista para qual, verdade seria, com as palavras de Gianni Vattimo, "apropriação do ente" em virtude da representação que o sujeito se faz daquela.
(Giannini; Velásquez, 1996, p. 12)

a) Wittgenstein.
b) Heidegger.
c) Donald Davidson.
d) Gadamer.

5. Abelardo, ao criar um método, retrata de uma forma hermenêutica um instrumento considerado uma arte propícia ao conhecimento e um ponto central de sua filosofia. Nesse contexto, qual era esse instrumento importante para Abelardo?
   a) Teologia.
   b) Dialética.
   c) Interpretação da Bíblia.
   d) Linguagem.

Atividades de aprendizagem

Questões para reflexão

1. Por que algumas questões relativas à linguagem vêm adquirindo cada vez mais importância para a história da filosofia?

2. De que maneira a hermenêutica pode oferecer contribuições que nos levem a nos aproximar da verdade?

3. Leia a citação a seguir e reflita sobre a possibilidade de se fazer entender por seu interlocutor. Depois, redija uma resposta por escrito explicando como isso é possível, se a palavra tem o poder de comunicar etc.

> "O verbo dialeghestai em seu sentido etimológico de 'dialogar', isto é, de fazer passar o logos na troca entre dois interlocutores. A dialética é um instrumento de busca da verdade" (Japiassú; Marcondes, 2001, p. 54).

4. A partir da frase a seguir, discuta sobre o papel do estudante de Filosofia na graduação, que muitas vezes ou se vê perturbado ou é o perturbador da paz alheia.

> "O problema crucial é o seguinte: a Filosofia aspira à verdade total, que o mundo não quer. A filosofia é, portanto, perturbadora da paz" (Jaspers, 1993, p. 140).

Atividade aplicada: prática

1. Elabore uma pesquisa em forma de resumo sobre o termo *hermenêutica* e apresente seus principais autores na contemporaneidade. Em seguida, faça um panorama por meio da análise do capítulo e aponte quais são as estratégias que os autores medievais utilizaram e que são utilizadas ainda hoje.

6

O Príncipe da Escolástica

Neste último capítulo, apresentamos algumas obras de São Tomás de Aquino, o Príncipe da Escolástica, para demonstrar como ele elaborou seu sistema filosófico e teológico em busca de uma imagem de Deus mais lógica e relacionada às Escrituras. Para isso, ele se dedicou a um profundo trabalho intelectual, construindo seu ideário de provas baseadas nas possíveis evidências que possuía, levando o leitor a um questionamento maduro e à conclusão de que Deus não só existe, mas pode ser conhecido por todos.

Fica claro, então, que Tomás de Aquino faz uma junção do catolicismo com as ideias de Aristóteles, o qual é muitas vezes utilizado, inclusive para elencar as cinco vias para provar a existência de Deus. Ainda neste capítulo, abordamos a estrutura e a composição da *Suma Teológica*. Também analisamos o surgimento das universidades e maneira como estas foram pensadas pela Igreja para ensinar a doutrina cristã e, posteriormente, outras ciências. Outras questões relevantes consideradas neste capítulo são a alma, o ente, a essência e a questão do mal.

6.1
A obra Suma Teológica, de São Tomás de Aquino

Somando-se o aristotelismo com o catolicismo, em uma efetiva mescla de razão e fé, o resultado é a *Suma Teológica* de São Tomás de Aquino, considerada por muitos a obra magna da literatura cristã. Nossa intenção, aqui, é apresentar, de forma clara e simples, uma visão geral da referida obra, dos principais assuntos abordados, e entender como ela foi estruturada pelo autor.

Foi com o intuito de dar uma explicação sintética da teologia que Tomás de Aquino desenvolveu a ideia de uma exposição ordenada da doutrina cristã. Ele era um teólogo profissional, e já se dedicava ao ofício de ensinar e redigir obras teológicas. Ao analisarmos seu pensamento, é possível perceber a proximidade deste com o de Aristóteles, o que nos permite concluir que a *Suma Teológica* foi fruto de uma grande bagagem cultural. São Tomás se preocupou com uma pedagogia teológica para que durante a obra não houvessem repetições de temáticas abordadas.

A *Suma Teológica* apresenta a seguinte divisão:

I – Primeira parte

Trata sobre Deus (Uno, Trino e Criador) e as criaturas (anjos, homem, cosmos). Nessa primeira parte, encontramos as cinco provas da existência de Deus*, a qual, segundo o autor, não é evidente por si mesma. No entanto, São Tomás de Aquino garante que podemos chegar a ela por meio da seguinte reflexão acerca da causalidade: todo efeito indica uma causa à qual podemos recorrer, haja vista que um evento depende do outro.

Sendo assim, se a existência divina não nos parece evidente, por outro lado, pode ser acessada por meio dos efeitos por nós conhecidos, os quais se traduzem pela obra do criador, através da qual podemos reconhecê-lo como existente, ainda que não possamos conhecer a sua essência.

I-II – Primeira Seção da segunda parte

Apresenta questões sobre o homem, sobre sua finalidade, seus atos, suas virtudes, seus dons, seus vícios e seus pecados. Essa parte também aborda a lei em seu sentido geral (a lei antiga e a nova) e a graça. O filósofo questiona se a verdade encontra-se no intelecto ou nos objetos, e conclui que os objetos que compõem o mundo natural são reais, na medida em que se equiparam às representações da mente de Deus. Destarte, a verdade reside, sobretudo, no intelecto.

Tomás de Aquino também aborda a bem-aventurança e como atingi-la, no caso, pela assimilação da essência divina; entretanto, não no aqui e no agora, uma vez que, conforme já vimos, o ser humano

---

* Sobre as provas da existência de Deus, Cf. tópico 6.1.1

apenas pode, nesta vida, reconhecer que Deus é, o que é diferente de penetrar em sua essência.

Em *Ética a Nicômaco*, Aristóteles defende que a felicidade (Sumo Bem ou fim último) pode ser alcançada pelo uso da razão e da prudência, mas não postula essa felicidade como sendo o próprio Deus afirmado pelos cristãos. Mesmo assim, "em Aristóteles aparece a tematização da tangência da vida contemplativa com a vida divina, que faltava em Platão, porque o conceito de Deus como Mente suprema, Pensamento de pensamento, só aparece com Aristóteles" (Reale; Antiseri, 2003b, p. 211). Todavia, a teologia tomasiana fará, a partir dessa filosofia, um grande arsenal para compor os pilares do cristianismo.

Aristóteles defende que o caminho da felicidade pode ser composto de alguns bens materiais e também de amizade. "Com isso, Aristóteles não diz que os sentimentos, riquezas, honras e prazeres são inúteis, mas que eles não estão em condição de trazer a felicidade em si, logo, são meios para se chegar até ela" (Pinto, 2010, p. 12). Aquino, por outro lado, argumenta que tais bens não são necessários para alcançar a felicidade, todavia, considerava alguns elementos, como a retidão da vontade.

Outra questão que se faz presente nesse volume é sobre o corpo ser ou não fundamental para a bem-aventurança e a contemplação da essência do Todo-Poderoso. A alma dos mortos pode contemplar essa essência, no entanto, ainda estará reavivado naquela o desejo de reassumir a carne no momento da ressurreição, quando sua felicidade se expandirá. Tal mescla de alma e corpo encontra-se fundamentalmente enraizada na teologia católica e faz parte da esperança escatológica da Igreja.

Em seguida, Tomás de Aquino trata do amor, do prazer e da tristeza. Dentro do pensamento tomista, o tema do *amor* é quase que indissociável do amor por Deus, todavia, Aquino também cita o amor por outro indivíduo, levantando a questão se o conhecimento seria a causa de tal sentimento.

Santo Agostinho defendia que não se pode amar o desconhecido. São Tomás de Aquino adere a essa ideia, e ainda acrescenta que o amor requer uma apreensão do bem que se ama. Se amamos alguém de modo frenético, ainda que não possamos conhecê-lo detalhadamente, o temos como nossa posse. O amor é visual; entretanto, o mais sublime é aquele de ordem espiritual e contemplativa.

Ao tratar dos hábitos e das virtudes, Aquino toma por base a Bíblia e a Ética a Nicômaco. Neste último, a virtude é alcançada por meio do hábito que designa certa perfeição da potência, considerada o último grau da potência e perfeita no que tange à sua ação. Tomás de Aquino classifica a virtude como "A disposição do que é perfeito para o que é ótimo" (São Tomás de Aquino, 2005b, p. 96; STh, I-II, q.55, a. 2)*. Destarte, argumenta que o ótimo para quem o ser humano deve conduzir a sua virtude é Deus. O homem é definido pelo filósofo como uma mescla de corpo e alma, e a virtude seria exclusivamente uma potência desta última. A seguir, citamos um trecho em que Tomás de Aquino discorre sobre de qual faculdade a virtude se apropria: seria dos hábitos apetitivos ou do intelecto?

> Portanto, como os hábitos intelectuais especulativos não aperfeiçoam a parte apetitiva nem lhe dizem respeito, de algum modo, senão só à parte intelectual, é possível chamá-los de virtudes enquanto acionam a faculdade dessa boa ação, que é a consideração da verdade, pois essa é a boa obra do intelecto. Não são, porém, virtudes no segundo sentido, ou seja, enquanto proporcionam o bom uso da potência ou de um hábito. Na verdade, não é por se ter um hábito de uma ciência especulativa que se tende a usá-la, mas se

---

* Sobre as citações de São Tomás de Aquino, além da norma padrão de citação autor/data/página, utilizaremos em seguida as seguintes abreviações, a saber: STh, I, q. 1, a. 2 = corresponde à Suma Teológica, primeira parte, questão 1, artigo 2.; SCG, I, c.1 = Suma contra os gentios, primeiro livro, capítulo 1. E assim em diante, para facilitar a localização dentro da obra.

torna apto a contemplar a verdade nas coisas das quais têm conhecimento. Que se use do conhecimento adquirido, isso se dá por moção da vontade. Por isso a virtude que aperfeiçoa a vontade, como a caridade ou justiça, também leva a usar bem desses hábitos especulativos. Assim, pode haver mérito nas ações desses hábitos, se forem feitas com caridade. (Tomás de Aquino, 2005b, p. 116; STh, I-II, q.57, a. 1)

Trocando em miúdos, o conhecimento do bem e da verdade deverá encaminhar-nos à virtude como um ato de caridade. É a partir do cultivo da virtude do intelecto que nossa alma se aproxima do criador e de sua verdade. E esse espírito de bondade deve ser compartilhado com quem esteja à sua margem. Na concepção de Aristóteles, uma vida contemplativa agrada aos deuses. Já na doutrina cristã, a vida contemplativa é uma vida em que Deus é o foco de nossas ações, razão pela qual a caridade deve sempre fazer-se presente. Tal concepção era desconhecida pelos antigos gregos.

Ainda segundo São Tomás de Aquino, nem toda virtude é moral, mas só aquela que reside na faculdade apetitiva. Para o filósofo, não encontramos uma igualdade entre o apetite e a razão, e da mesma forma podemos, por analogia, pensar na distinção da virtude, visto que esta não se encontra somente no campo moral, mas também há uma **virtude intelectual**. E, por fim, há uma concepção de virtude engendrada pela filosofia cristã que também era desconhecida na Grécia Antiga: a **virtude moral infusa**, dentro da qual Deus, além das virtudes teológicas, também incute as virtudes morais e intelectuais que façam jus às primeiras.

II-II – Segunda seção da segunda parte

Nessa parte da obra, Tomás de Aquino aborda a questão das virtudes teologais: afirma que primeiro temos que considerar a fé, depois a esperança e, por fim, a caridade. Sobre a fé, há quatro considerações: (1) sobre a fé mesma; (2) sobre os dons correspondentes de entendimento e ciência; (3) sobre os vícios opostos; e (4) sobre as preocupações a respeito dessa virtude. Será a verdade o objeto da fé? Será que podemos nos enganar quanto a ela? São questões como essas que Tomás tratará de responder até chegar à questão da incumbência da constituição do símbolo da fé. Nessa parte da obra, encontramos também questões sobre as virtudes cardeais: prudência, justiça, fortaleza, temperança, carisma e sobre os estados de vida.

III – Terceira parte

Na terceira parte da obra, Aquino discorre sobre a encarnação de Jesus, suas qualidades e sua vida; aborda também os sacramentos como Batismo, Eucaristia, Confirmação e Penitência. Sobre a encarnação de Jesus, afirma ser esta necessária, dado que o bem é compartilhado e disseminado. Deus, em carne, teria feito o que há de mais sublime, o que, segundo Santo Agostinho, trata-se da união do verbo, da alma e da carne. São Tomás crê que a salvação de Cristo, incorporando-se à carne, constituiu uma prova de amor e bondade. O criador pôs-se a nosso lado sem assumir a culpa. Tal ato foi preciso para recompor o homem e guiá-lo ao bom caminho. Cristo pôde aprender com Deus uma lição de humildade, dignidade e superação, coisa que um homem comum jamais poderia fazer.

Nada disso teria sido necessário, não fosse o pecado original de Adão e Eva, sem o qual o homem ainda estaria em sintonia com Deus. Tomás de Aquino afirma que a encarnação aguardava o pecado, todavia, não em sequência, porquanto o reconhecimento do homem da necessidade de ser libertado também era preciso. A encarnação deveria vir logo, haja vista que uma demora enfraqueceria a fé.

A alma perfeita de Jesus, quando este desceu à Terra, não poderia sustentar-se sem o corpo, por isso ele tomou a forma de um homem, tal como os outros – porém, o único perfeito. Aquino diz que Cristo conhecia toda a ciência humana e a revelação de Deus, salvo sua essência. Para Aristóteles, faz-se ciência por meio da aprendizagem e da descoberta, mas, para São Tomás, o filho de Deus a alcançou através apenas da segunda. E ainda que ele não tenha tudo experienciado, pelo pouco que o fez já foi alçado ao conhecimento pleno.

> O catolicismo, pelas lentes de Aquino, por ter como fundamentos a caridade e a humanidade, não deve excluir ninguém, mesmo aqueles que nunca tiveram acesso à doutrina.

Cristo possuía uma dúplice volição, as quais, por sua vez, não dispensam o livre-arbítrio: a *thelesis* (vontade da natureza) e a *boulesis* (vontade da razão), conceitos que São Tomás de Aquino extraiu de São João Damasceno. Os desejos de Cristo (desejos de alguém encarnado em uma figura humana) nem sempre conversavam com os de seu Pai. Por exemplo, era vontade deste segundo que seu filho pagasse um castigo e morresse na cruz; o primeiro, contudo, a despeito de não negá-lo, não esperava por aquilo.

Por fim, também como peça fundamental de sua filosofia, São Tomás de Aquino lança a seguinte pergunta: "a graça pela qual Cristo é cabeça da Igreja é a mesma que ele tem como homem individual?" (Tomás de Aquino, 2009b, p. 192; STh, III, q.8, a.5). Seria Cristo cabeça de todos os homens? Como resposta, poderíamos refletir sobre o *Corpus Mysticum* – o Corpo Místico de Cristo, ou, mais genericamente, Corpo de Cristo que contempla potencialmente e ao mesmo tempo todos os homens, os quais são providos de livre-arbítrio, ainda que alguns deles, os mais pecadores, jamais o alcancem. O catolicismo, pelas lentes de Aquino, por ter como fundamentos a caridade e a humanidade, não deve excluir ninguém, mesmo aqueles que nunca tiveram acesso à doutrina.

Além das três partes mencionadas, há um suplemento da terceira parte que foi escrito pelos seus discípulos, abordando temas como a

Penitência, a Extrema Unção, a Ordem, o Matrimônio e um tratado sobre os Novíssimos, que estão ligados a uma escatologia do homem, tratando de sua morte, juízo, inferno ou paraíso. A palavra *novíssimos* é um superlativo em latim traduzido por "coisas mais recentes" razão por que a chamamos de *últimas*. Segundo Hans Urs von Balthasar (1961, citado por Callejas, 1992, p. 229, tradução nossa),

Deus é o "novíssimo" da criatura. Enquanto alcançado é céu; enquanto perdido, inferno; enquanto discerne, juízo; enquanto purifica, purgatório. Ele é aquilo em que o finito morre, e pelo qual a Ele e Nele ressuscita. Ele é como se volta ao mundo, a saber, em seu filho Jesus Cristo, que é a manifestação de Deus e também a suma dos "novíssimos".

6.1.1 As provas da existência de Deus segundo São Tomás de Aquino

Na primeira parte da *Suma Teológica*, a partir da segunda questão, temos um debate sobre a existência de Deus. A intenção do autor, mais que demonstrar o que Deus é em si, é apresentá-lo como "princípio e fim de todas as coisas" (Tomás de Aquino, 2009c; STh I, q.2, a1). Nos dois primeiros artigos, Tomás de Aquino delimita os caminhos para no terceiro apresentar as cinco vias para provar a existência de Deus. Antes de apresentá-las, o autor coloca em questão se é possível desenvolver tal trabalho, e questiona já no primeiro artigo se a existência de Deus é evidente por si mesma.

Se pensarmos primeiramente no que é o todo e no que consiste as partes, poderíamos chegar ao nome de Deus, que está além daquilo que há em nossa inteligência.

Este nome significa algo acima do qual não se pode conceber um maior; ora, o que existe na realidade e no intelecto é maior do que aquilo que existe só no intelecto. Assim,

175

ao se compreender este nome, Deus, ele existe em nosso espírito e consequentemente na realidade. Logo, a existência de Deus é por si evidente. (Tomás de Aquino, 2009c; STh I, q.2, a.1, 2)

Nessa perspectiva, há evidência de que a verdade existe, e mesmo quem a nega, em sua negação, concebe a sua existência, pois só negamos o que se evidencia a nós de alguma maneira. Mesmo assim, alguns podem pensar contrariamente a essa perspectiva, e Tomás de Aquino vai lançar mão do Salmo 52 para dizer que alguns, melhor dizendo, o insensato que não acredita em Deus, não o tem como evidente para si.

A evidência é um elemento tão importante para Tomás de Aquino que ele sinaliza duas formas de evidências para tecer suas argumentações posteriores, a saber: "algo pode ser evidente por si de duas maneiras: seja em si mesmo e não para nós; seja em si mesmo e para nós" (Tomás de Aquino, 2009c; STh I, q.2, a.1, 3). Quando dizemos que o homem é um ser racional, o predicado desta frase é algo que não carece de provas, pois para nós está claro, a não ser que alguém ignore a definição do sujeito e do predicado. Nesse caso, mesmo sendo evidente por si mesmo, não o será para quem ignora o sujeito e o predicado da proposição. Citando Boécio, Tomás de Aquino vai dizer que há conceitos que são evidentes somente para os que conhecem como "as coisas imateriais não ocupam lugar" (Tomás de Aquino, 2009c; STh I, q.2, a.1, 3). Para Aquino, ao dizermos que Deus existe, utilizamos a mesma lógica racional do exemplo acima, em que o predicado não carece de provas, pois, para São Tomás, o sujeito e o predicado são idênticos.

Na sequência do texto, Aquino afirma que artigos de fé não podem ser demonstrados, pois o campo da demonstração geraria o que conhecemos por *ciência*. Utilizando a ideia de Damasceno, ele parte para uma teologia apofática, que consiste em dizer o que Deus não é, pois não podemos demonstrar o que ele é. E o que ele é, não são também suas obras, pois estas são finitas, enquanto ele é infinito. Assim, não demonstrando uma causa devido a seu efeito não ser proporcional, compreende-se que não seja possível, então, demonstrar a existência de Deus.

No entanto, se partirmos para as interpretações bíblicas, encontraremos possibilidade de atribuir existência a Deus, como disse Paulo na Carta aos Romanos: "De fato, desde a criação do mundo, as perfeições invisíveis de Deus, tais como o seu poder eterno e sua divindade, podem ser contempladas, através da inteligência, nas obras que ele realizou [...]" (Rm 1,20). Porém, o que Aquino quer nos ensinar é que é possível, sim, demonstrar algo, e segundo ele há dois tipos de demonstrações: um tipo pela causa e outro pelos efeitos. Assim, se a existência de Deus não é evidente para nós, podemos demonstrá-la, então, pelos efeitos que podemos conhecer.

Dessa maneira, segundo Tomás de Aquino, podemos provar a existência de Deus por cinco vias. A primeira via parte do **movimento**:

ora, tudo o que se move é movido por outro. Nada se move que não esteja em potência em relação ao termo de seu movimento; ao contrário, o que move o faz enquanto se encontra em ato. Mover nada mais é, portanto, do que levar algo da potência ao ato, e nada pode ser levado ao ato senão por um ente em ato. (Tomás de Aquino, 2009c; STh I, q.2, a.3, 2)

Assim, para não incorrermos no erro de ficar regressando ao infinito, o que não explicaria nada, precisaríamos admitir a existência de um Primeiro Motor (*primum movens*), que não é movido por nada e que move todas as coisas – este *primum movens* é Deus. Mover nada mais é que levar da potência ao ato. E nada pode conduzir a potência a não ser um ente que esteja em ato. Não é possível que o mesmo ser, sob o mesmo aspecto, esteja em ato e potência, como, por exemplo, a água quente não pode estar ao mesmo tempo quente em ato e quente em potência, ela precisaria estar fria em ato para chegar à potência de quente e vice-versa.

A segunda via parte da razão da **causa eficiente**. "Encontramos nas realidades sensíveis a existência de uma ordem entre as causas eficientes; mas não se encontra, nem é possível, algo que seja a causa eficiente de si próprio, porque desse modo seria anterior a si próprio: o que é impossível" (Tomás de Aquino, 2009c; STh I, q.2, a.3, 2). Nenhuma coisa pode ser causa de si mesma, devemos admitir, portanto, que existe algo que a causou e que esta causa não foi causada por nada. Essa seria, então, a causa eficiente, que é Deus.

A terceira via é do possível e do necessário, e podemos chamá-la de **contingente**.

Encontramos, entre as coisas, as que podem ser ou não ser, uma vez que algumas se encontram que nascem e perecem. Consequentemente, podem ser e não ser. Mas é impossível ser para sempre o que é de tal natureza, pois o que pode não ser não é em algum momento. Se tudo pode não ser, houve um momento em que nada havia.
(Tomás de Aquino, 2009c; STh I, q.2, a.3, 2)

Aquilo que não é, só passa a existir por algo que é. Só é possível pensar a existência de algo que é por outra causa que sempre foi e que é, ao mesmo tempo, necessária, ou seja, não pode ou nem poderia ser de outra maneira, nela não há contingência. Assim, aquilo que é a causa da necessidade para as outras coisas é que chamamos de *Deus*.

A quarta via é sobre os graus que se encontram nas coisas, poderíamos chamá-la de **graus de perfeição**. "Encontra-se nas coisas algo mais ou menos bom, mais ou menos verdadeiro, mais ou menos nobre etc. Ora, **mais** e **menos** se dizem de coisas diversas conforme elas se aproximam diferentemente daquilo que é em si o máximo" (Tomás de Aquino, 2009c; STh I, q.2, a.3, 2, grifo do original). Assim, o bem, quanto mais se aproxima do sumo bem, mais perfeito se encontra. O mais quente é o que se aproxima paulatinamente do que é sumamente quente. O que se encontra no mais alto grau de seu gênero é a causa do que é esse gênero. E o fogo, sendo o sumo calor, é a causa de tudo o que é quente. Assim, existe algo que é para todos a causa de ser e de toda a perfeição, e esta causa nós a chamamos de *Deus*.

A quinta via é sobre o governo das coisas. Podemos chamá-la também de *finalismo*. Algumas coisas precisam de conhecimentos para se guiar a um fim, como os corpos físicos. "Ora, aquilo que não tem conhecimento não tende a um fim, a não ser dirigido por algo que conhece e que é inteligente, como a flecha pelo arqueiro. Logo, existe algo inteligente pelo qual todas as coisas naturais são ordenadas ao fim, e a isso nós chamamos Deus" (Tomás de Aquino, 2009c; STh I, q.2, a.3, 2). Por essa mesma lógica, a natureza, agindo em vista de um fim, mas não podendo se dirigir de forma inteligente à perfeição, teria Deus como sua inteligência – aquele que governa todas as coisas para que tudo o que for contingente possa chegar ao que é necessário e imóvel.

6.2
A filosofia como instrumento do saber teológico

Tomás de Aquino é um autor brilhante, que problematiza a distinção entre fé e razão dentro da filosofia e da teologia. Mesmo considerando a fé e a razão ora como antagônicas, ou como caminhos diferentes, o filósofo entenderá que são também complementares. Uma perpassa a luz da razão, enquanto a outra a luz da revelação. Podemos dizer que "a fé orienta, mas não substitui a razão. Desta maneira a razão e a filosofia são preâmbulos da fé" (Zilles, 1996, p. 377). Neste momento, discutiremos a obra *Suma contra os gentios*, escrita nos últimos anos da vida do Doutor Angélico.

Tomás de Aquino inicia a referida obra apresentando o ofício do sábio e, inspirado em Aristóteles, vai mencionar que "entre outras funções que os homens atribuem ao sábio, [está] a de que pertence ao sábio, ordenar" (Tomás de Aquino, 1990, p. 20; SCG, I, c.1). Essa ordenação busca o bem de todas as coisas.

Uma arte que seja detentora de um fim desempenha em relação à outra arte o papel de reguladora, de princípio, sendo chamada por Tomás de artes arquitetônicas ou artes principais; e aqueles que se dedicam a esta arte recebem de forma justa o nome de sábio. Desta forma, sábio será, verdadeiramente, aquele que se dedica às artes superiores, artes que almejem verdades primeiras, causas primeiras, portanto, mais altas. (Campos, 2011, p. 5)

Assim, temos em Aquino a implementação da filosofia de Aristóteles na fundamentação teológica da Igreja Católica, tal qual Agostinho fez com o pensamento de Platão alguns séculos antes. A intenção de Tomás de fundamentar a fé católica também é devida, em parte, pela crise que passava a cultura cristã com a redescoberta da cultura grega, que enfatizava a razão e a ciência. Tomás de Aquino elabora, então, a *Suma contra os gentios* para tratar das verdades cristãs. Ele utiliza a filosofia, mas seu empenho é extremamente teológico, no intuito de demonstrar aos que já não mais criam, mas que estavam desejosos por um texto estritamente intelectual. A forma didática e envolvente com que Aquino escrevia levava as pessoas paulatinamente a se aprofundarem em seus textos, enquanto cumpria seu propósito de conduzi-las a Deus ou ao propósito último do mundo: o bem, a felicidade.

*Ora, a felicidade é o fim da espécie humana, pois todos os homens naturalmente a desejam. Por isso a felicidade é um bem comum, possível de ser alcançada por todos os homens, a não ser que alguns fiquem **privados** por algum impedimento (1 Ética 9, 1099b; Cmt13, 163). Ora, poucos atingem este conhecimento de Deus por via de* *demonstração devido aos impedimentos que a ele surgem, segundo dissemos [...] Logo, este conhecimento não constitui essencialmente a felicidade humana. [...] Por isso, a felicidade que é o fim último é um ato ao qual não se une outra potência para o ato ulterior.* (Tomás de Aquino, 1996, p. 438; SCG, III, c.39)

Ao lermos essa citação, percebemos que, ao tratar desse tema, Tomás de Aquino dá vazão a uma tradição eudemonista*. Segundo Oliveira e Costa (2011, p. 67), essa maneira de tratar o tema "não é uma simples tradução para o mundo cristão, mas uma nova ótica da filosofia aristotélica. Todavia, mesmo não tendo escrito uma obra que trata especificamente do tema da felicidade, ela se encontra em toda obra de Tomás de Aquino, seja em modo conceitual ou existencial". No entanto, não podemos nos enganar, pensando que a vida do homem consiste no desfrute dos prazeres efêmeros. Segundo Tomás, Deus é aquele que encaminha o homem a uma transcendência, o que se distingue do objetivo da filosofia imanente de Aristóteles.

A filosofia de São Tomás de Aquino traz a questão da felicidade integrada à vida humana como um todo. Nela, todas as criaturas possuem um só e mesmo fim último: Deus. Entretanto, cada uma alcança esse fim conforme a sua natureza. O homem o alcança através de um ato do intelecto especulativo. Tal ato consiste na contemplação da própria essência divina. É, pois, nesse ato que reside a felicidade última do homem, do qual todos os demais atos são apenas uma participação imperfeita. Desse modo,

---

*   "Eudemonismo (do grego eudaimonia: felicidade) Doutrina moral segundo a qual o fim das ações humanas (individuais e coletivas) consiste na busca da felicidade através do exercício da virtude, a única a nos conduzir ao soberano bem, por conseguinte, à felicidade. É essa identificação do soberano bem com a felicidade que faz da moral de Aristóteles um eudemonismo; também a moral provisória de Descartes pode ser entendida como um eudemonismo (que não se deve confundir com hedonismo)" (Japiassú; Marcondes, 2001, p. 70).

o fim último do homem ultrapassa-lhe a natureza, pelo que ele só poderá atingi-lo mediante a graça divina. (Oliveira; Costa, 2011, p. 76)

Por volta do século XIII, época em que a *Suma contra os gentios* foi escrita, foi também o momento em que surgiam as universidades*. Se até então os reis e papas decidiam sobre todas as questões, as universidades iriam atuar nas manifestações humanas. Segundo Pernoud (1997, p. 98), as "universidades são criações eclesiásticas, o prolongamento, de algum modo, das escolas episcopais, das quais diferem no fato de dependerem diretamente do papa e não do bispo do lugar". A universidade não ensinava apenas a Teologia, mas comportava outras disciplinas e outras ciências.

> *Criada pelo papado, a Universidade tem um carácter inteiramente eclesiástico: os professores pertencem todos à Igreja, e as duas grandes ordens que ilustram, no século XIII, Franciscana e Dominicana, vão lá, em breve, cobrir-se de glória, com um S. Boaventura e um S. Tomás de Aquino; os alunos, mesmo aqueles que não se destinam ao sacerdócio, são chamados clérigos, e alguns deles usam a tonsura – o que não quer dizer que aí apenas se ensine a teologia, uma vez que o seu programa comporta todas as grandes disciplinas científicas e filosóficas, da gramática à dialética, passando pela música e pela geometria.* (Pernoud, 1997, p. 98)

Outras possibilidades de se justificar tais reflexões e empoderamento das universidades para efervescência dessas ideias eram fortalecer os argumentos dos cristãos, principalmente na Península Ibérica, na conquista

---

*   Podemos destacar algumas: Universidade de Bologna (Século XII – Itália); Paris (Século XIII – França); Oxford (Século XIII – Inglaterra); Orleans e Roma (Século XIII – Itália); Coimbra (Século XIV – Portugal); Viena (Século XIV – Áustria); Copenhagen (Século XV – Dinamarca) etc.

das terras ocupadas pelos árabes*, no intuito de convertê-los ou combater bem seus argumentos contra a fé católica.

> *Uma revolução cultural deu-se no século XIII. Nela Tomás foi elemento decisivo. Caracterizou-a a revisão das ideias de santo Agostinho, dominantes até então, e a introdução do pensamento aristotélico, prenhe de interpretações árabes no campo da filosofia. Definiram-se, então, duas correntes ideológicas: o Averroísmo e o Agostinismo. Santo Tomás, em cautelosa análise das doutrinas do Estagirita e do Doutor da Graça elabora uma autêntica síntese de ambas, originando-se dessa síntese uma terceira corrente, a tomista.* (Moura, 1990, p. 6)

É justamente nesse esforço intelectual de Tomás de Aquino que percebemos como a filosofia pode ser utilizada como instrumento do saber teológico. A obra desenvolvida pelo Doutor Angélico é, na verdade, uma exposição completa da doutrina católica, que visava combater todos os infiéis e gentios, além de todas as heresias da época.

Alguns temas abordados na *Suma contra os gentios* podem ser destacados, como Deus conhecido em si mesmo pela razão natural; as coisas

---

* O ano da Hégira (fuga de Maomé para Medina em 622) marca o calendário islâmico, momento em que a religião de Maomé se espalhou rapidamente, expandindo seu território, a começar pela tomada da própria Meca. E logo seus avanços se espraiaram por toda a Península Arábica, parte do Império Bizantino e chegaram ao Oriente Médio e ao Norte da África. A partir daí, a expansão chegou à quase toda a Península Ibérica. Tentaram tomar outros territórios, mas não tiveram muito sucesso na Europa Ocidental. No entanto, a retomada dessas terras para os cristãos, além dos objetivos da missão de reconquistar as terras que antes eram ocupadas por alguns povos convertidos ao cristianismo, principalmente germânicos, tinha também o interesse em retomar o poder das terras mais abastadas e prósperas. E foi justamente por volta do século XIII que, melhorando a situação bélica da Igreja, as tropas conseguiram reconquistar as terras e expulsar de lá os judeus e mulçumanos, deixando permanecer apenas os que se converteram ao catolicismo – estes puderam continuar vivendo tanto em Portugal quanto na Espanha.

enquanto procedem de Deus; as coisas enquanto se dirigem para Deus e Deus e seus efeitos conduzidos pela fé. Não podemos afirmar que o autor segue uma ordem de um gênero literário, mas são múltiplos os estilos que Tomás de Aquino adota em sua obra, desde cartas, poesias, até tratados teológicos e filosóficos. Ele se adapta de uma forma muito versátil a cada gênero, de maneira que cada um se mantém íntegro e, ao mesmo tempo, muito claro.

Todo esse investimento intelectual teve como objetivo instruir os conhecedores da ciência teológica, a fim de perceberem qual era a verdade e os erros transmitidos pelas ideias arábicas, judaicas e albigenses* e pelas ideias dos filósofos averroístas, para que os gentios e os infiéis pudessem conhecer a fé católica.

Assim, a filosofia e a teologia possibilitaram demonstrar a todos que as verdades da fé não precisavam ser aceitas de qualquer modo, mas com cautela e reflexão. Foi assim que Tomás de Aquino dedicou a sua vida para erigir posicionamentos racionais em nome da fé, sem nunca perdê-la de vista, fundamentando suas ideias nos filósofos que lhe apeteciam, especialmente Aristóteles, abrindo um novo caminho filosófico e teológico para a Igreja.

6.3
A questão da alma

Na linha que separa a corrente espiritualista (a qual concebe o indivíduo humano como alma racional e o corpo como seu prisioneiro) e a corrente materialista (que o concebe apenas como corpo), a filosofia de São

---

* Conhecidos também como os cátaros, foram conhecidos por propagar heresias na Idade Média, o que levou a Igreja Católica a convocar uma cruzada para conter o seu crescimento. A referência do nome *albigenses* é devido à cidade de Albi, ao sul da França, que teria se convertido ao catarismo.

Tomás de Aquino vê o ser humano por meio da unidade substancial corpo-alma. "Deste modo, o corpo será a parte integral e material do animal, pois a alma estará para além do que é significado pelo nome 'corpo', e será acrescentada ao próprio corpo" (Tomás de Aquino, 2008, p. 13; De ente, II, 6). O filósofo, partindo de uma inédita panorâmica da realidade sensível, oferece, por tal unidade, a alternativa de conceber o movimento externo do corpo como expressão da alma, onde seu íntimo alicerce, sensações, sentimentos, volições, pensamentos e recordações encontram-se entrelaçados e refletidos em sua ação.

A noção tomista da unidade substancial corpo-alma sustentava-se na figura humana concentrada entre o céu e a terra. A vida espiritual e material mescladas representavam a vida em comunhão religiosa; entretanto, tal concepção do mundo natural não poderia ser de todo racional, do contrário, o espírito sucumbiria à matéria.

No campo antropológico, São Tomás de Aquino conserva a concepção padrão de alma como substância espiritual vestida na forma da carne.

> Na filosofia tomista, a fronteira entre Deus e os demais entes está no ser e no existir. Todos, salvo o próprio Deus, são em sua essência diferentes de seu ato de ser, sendo tudo neles mais imperfeito que o próprio ato, que é uma dádiva divina.

A alma como um ser em si assume a característica de substância ao expressar na matéria o seu substrato último. A essência do corpo, que não é apenas matéria, é a sua potência, na qual as privações transfiguram-se em atos de ser. O ser revela-se na qualidade de espelho da alma, porquanto reflete seu interior. Seu substrato não se caracteriza pelo peso do pecado original, mas pelo segredo de sua redenção.

Para Tomás de Aquino, a alma é composta não de matéria e formato, mas de ato e potência, "embora estas substâncias sejam unicamente formas sem matéria, nem por isso elas são uma simplicidade absoluta, nem são um ato puro, mas têm uma mistura de potência" (Tomás de

Aquino, 2008, p. 30; De ente, IV, 5). Em sua filosofia, a ideia de substância intelectual cabe não só à alma humana, mas também aos anjos – estes, por sua vez, são de natureza superior, por serem imateriais e de todo cindidos da carne.

Na filosofia tomista, a fronteira entre Deus e os demais entes está no ser e no existir. Todos, salvo o próprio Deus, são em sua essência diferentes de seu ato de ser, sendo tudo neles mais imperfeito que o próprio ato, que é uma dádiva divina. Deus é o ato em sua forma mais pura, ato este que forma um misto com a sua essência.

Tal essência é somente a fronteira no particular e encontra-se diretamente incutida no ato do ser. Não sendo existência em si, é aquilo cujo fundamento é existir. Para Aquino, a essência é definível e compreensível, e sua constituição é inteligível. Do ato de ser, a essência é a medida de sua recepção. A forma e a matéria mesclam-se em existência, consolidando uma ativa relação de feito e feitor.

A visão de Tomás de Aquino de que a potência qualifica-se tão-somente como um modelo imperfeito do ato possibilita a compreensão dos entes em seu devir e a classificação humana pelo seu livre-arbítrio e seu fazer-a-si-mesmo. Afinal, entender seus atos é entender o que falta a si mesmo como essência.

Esse fundamento pelo qual se vive, se sente e se conhece somente desvela-se por seu conjunto de meios que combinam-se para obter um resultado. Para a alma conhecer a si mesma, tal como tudo o que a compõe, quer seja por seus atos, quer por sua essência, o humano obrigatoriamente transita pela consciência da realidade material. A alma, como substância, tanto em seu âmago quanto em seus meios, mescla-se à carne como forma e, então, dispõe ao gênero humano sua vida intelectiva, sensitiva e vegetativa. "Fazer ser" é o seu primeiro princípio, a partir do qual o ente pode consolidar seus seguintes, como as funções vitais e as suas capacidades.

Os estilos de vida são imprescindíveis para o entendimento dos diversos níveis de perfeição. A apreensão das relações dos reinos biológicos, dentro dos quais o que é privilégio do inferior preexiste de maneira mais perfeita no superior, era primordial. Para tal, voltando os holofotes às plantas – para as quais a maneira e o fim pelo qual vivem foram predeterminados pela natureza –, podemos perceber que o nosso corpo partilha com elas o nascimento, o crescimento, a nutrição e a morte. Tal condição direciona as funções vitais do organismo humano e de suas operações para a manutenção da vida. Já no reino animal, o qual, ao contrário, não dispõe de predeterminação como as plantas, a ferramenta disponibilizada é a percepção sensorial, que inter-relaciona três faculdades: o conhecimento sensível, o apetite sensível e as potências motoras. Enquanto as plantas possuem uma alma vegetativa, aos animais se acrescenta ainda as sensitivas e, somando essas duas almas com a alma racional, temos o homem.

> A visão de Tomás de Aquino de que a potência qualifica-se tão-somente como um modelo imperfeito do ato possibilita a compreensão dos entes em seu devir e a classificação humana pelo seu livre-arbítrio e seu fazer-a-si-mesmo.

No ser humano há um nível superior de vida, o intelectivo, em trabalho mútuo com as formas anteriores. As funções vegetativas fornecem base biológica para a vida sensível, como os órgãos sensoriais, através dos quais podemos colher as diversas informações sensoriais imprescindíveis para as potências intelectivas. Tal nível de vida era considerado como o mais sublime. Sua manifestação, conquanto emane do mundo externo, possibilita-nos excogitar sobre tais informações captadas e, com isso, engendrar o conhecimento do real. "E isto tem o seu termo na alma humana que detém o último grau nas substâncias intelectuais. Por este motivo, o seu intelecto possível está para as formas inteligíveis como a matéria primeira, que detém o último grau do ser sensível, está para as formas sensíveis" (Tomás de Aquino, 2008, p. 33; De ente, IV, 9). O intelecto era reputado como uma faculdade que possibilitava ao homem a autoconsciência e o controle de suas ações. A alma intelectiva – dimensão de sabedoria, segundo São Tomás – necessitava de um corpo adequado para chegar ao conhecimento. Pela unidade substancial corpo-alma intelectiva, aflorou-se uma base eficazmente arquitetada para possibilitar o conhecimento.

A base do conhecimento encontra seu pontapé inicial no mundo sensível, contudo transcende a materialidade. Através dos sentidos, o ser humano chega ao conhecimento de cada objeto material em sua forma singular, mas pelo intelecto chega ao universal em sua imaterialidade – ao independente.

A faculdade cognitiva sensorial se dá por meio dos sentidos que captam os gêneros inteligíveis desprovidos de sua materialidade. São potências coadunadas a órgãos do corpo, ou seja, cada sentido agrega-se de uma materialidade, que é o órgão, e um fundamento formal, que é sua potência. Tal sentido recepciona a forma desprovida da matéria, uma vez que aquela se encontra em uma circunstância distinta no sentido e no elemento sensorial. Neste último, há uma realidade material; no primeiro, uma intencional.

> *Ninguém pode dizer que nem toda a matéria impede a inteligibilidade, mas tão-somente a matéria corpórea. Se isso acontecesse em razão apenas da matéria corpórea, uma vez que a matéria corpórea só se considera corpórea se subiste sob uma forma corpórea, então seria necessário que a matéria recebesse da forma corpórea a propriedade de impedir a inteligibilidade. Ora isto não pode ser, já que a própria forma corpórea é inteligível em acto, tal como as outras formas, na medida em que é abstraída da matéria. Por consequência, nem na alma nem na inteligência existe qualquer composição*

de matéria e de forma, caso se tome nelas a essência como nas substâncias corpóreas.
(Tomás de Aquino, 2008, p. 27; De ente, IV, 2)

A apreensão das formas acidentais como peças inteligíveis no conhecimento sensível se finda na *phantasmata*, formação de uma imagem que, como unidade do caráter da qualidade, é uma similitude daquilo que representa. Já dizia Aquino que representar uma coisa é conter a similitude dessa coisa: não é o objeto que está na alma, mas sim a espécie do objeto. É incorreto assimilar a representação como uma substância fixa, sendo necessário lembrar que o imaterial é modo de ser no patamar do conhecimento.

Em sua essência, o ato intelectual é oriundo do conhecimento sensível, na *phantasmata*, que podemos traduzir por "imagens", em que reside o inteligível em potência. Sob o termo *abstração*, tal faculdade de conhecer é a maneira através da qual o intelecto atinge o saber relativo ao real, concebendo a singularidade em sua universalidade.

Por meio da unidade substancial, a carne, em comunhão com o "em si" da alma, não se faz alma, mas, em vez disso, mantém-se, como seu sujeito, encimado ao ato de ser que a toma por fundamento. O ato revela a imaterialidade na dimensão sensível, tanto para o feitor quanto para aquele que espreita. A alma somente pode ser vista por meio de suas ações no mundo material. Para o conhecimento de sua própria alma, os seres humanos atêm-se aos objetos sensíveis e analisam suas próprias ações. Tal análise é o que o conduz à autoconsciência. Tão somente a unidade substancial possibilita ao ser humano esprcitar e apreender o movimento corporal como personificação do interior da alma.

A antropologia Tomista preserva a noção tradicional da alma concebida como uma substância espiritual (Platão e Agostinho), que é a forma do corpo (Aristóteles). Sendo a alma um princípio subsistente, isto é, uma substância que pode ter o ser por si, exerce a função de forma substancial ao comunicar este ato de ser, que é o âmago de toda a sua substância, a matéria primeira. Por isso, a potência da matéria é exatamente sua essência, ou seja, o corpo tem a alma na qualidade de princípio. (Oertzen, 2015, p. 108)

A alma somente pode ser vista por meio de suas ações no mundo material. Para o conhecimento de sua própria alma, os seres humanos atêm-se aos objetos sensíveis e analisam suas próprias ações. Tal análise é o que o conduz à autoconsciência.

Como substância, é a alma que se mescla à carne e insere o ente à matéria, a qual provê o sujeito de potência para ser ato, que recebe e conduz os movimentos passionais como indivíduo em devir, que aquiesce a causa primeira por meio de outras posteriores, que faz-se no sensível, que transcende a matéria e faz o pórtico entre o céu e a terra.

6.4
O mal como um não-ser

O *Doutor Angélico*, apossando-se da filosofia agostiniana, entende o mal como privação, carência ou deficiência do ente – a ausência de Deus, que representa o bem absoluto. Na qualidade de ausência, o mal é parte daquilo que é imperfeito, logo, não pode ser substância, mas acidente. Para São Tomás de Aquino, o mal está integrado ao pecado original, que é a raiz de toda a perversão humana.

Gilson e Boehner (2007), dois historiadores medievais, argumentam que o pensamento tomista, ao abordar a criação como reflexo à bondade e perfeição divinas, obrigatoriamente cruza o caminho do problema da perfeição mundana e da razão de o mal existir. São Tomás soluciona esse problema ao definir o ser das coisas individuais pela distinta quantia de perfeição que se pode encontrar em cada um deles. Pois, "tendo expressado suas perfeições em seres diversos, e, portanto, em formas diferentes de perfeição, era mister que Deus os criasse em graus diferentes de perfeição" (Gilson; Boehner, 2007, p. 465). Na filosofia tomista, os entes seguem uma hierarquia de perfeição no conjunto da criação divina, "por exemplo: os corpos mistos são mais perfeitos que os simples, as plantas mais que os minerais, os animais mais que as plantas e os homens mais que os outros animais" (São Tomás de Aquino, 2005a, p. 81; STh I, q.47, a.2). Assim, a sabedoria divina é a causa da diversificação das coisas pela perfeição.

O filósofo ainda institui subdivisões que retratam a perfeição de Deus. Os organismos inanimados retratam a perfeição em seus resquícios, e os homens e anjos, como integrantes de maior peso no ato de ser divino, retratam a sua perfeição em imagem e semelhança. Independente de sua natureza, o bem se encontra acessível a todos os entes. Todos estão sintonizados com o Criador de maneira similar.

> Na qualidade de ausência, o mal é parte daquilo que é imperfeito, logo, não pode ser substância, mas acidente. Para São Tomás de Aquino, o mal está integrado ao pecado original, que é a raiz de toda a perversão humana.

Para Tomás de Aquino, o ser espiritual é o que mais ativamente contempla a bondade de Deus, além de, como nos mostra a doutrina cristã, ser o mais digno de sua presença. Tal dignidade do gênero humano possui uma valia em si mesma, visto que indica o caminho do bem e o amor por ele. Quanto mais merecedor for o homem por manifestar a natureza perfeita que o aproxima do Criador, maior será a injúria por não se converter a ele. Assim, para a filosofia tomista, o ser espiritual desagrada fortemente ao Todo-Poderoso quando voluntariamente o desdenha.

Depois de manifestar o grau individual de perfeição característico de cada ente que contempla o círculo da criação de Deus à sua imagem e semelhança, o filósofo diferenciou dois níveis de perfeição: "Em certos seres a perfeição é perecível, enquanto que outros a possuem de maneira inamissível: há coisas corruptíveis e incorruptíveis" (Gilson; Boehner, 2007, p. 466). Para Aquino, o âmago da maldade situa-se na privação de um dado bem, ou nível de perfeição, justo porque, sob lentes metafísicas, a criatura não só provém como também, a partir do pecado original, afasta-se do Criador ao não se submeter à sua vontade. O mal, pois, não é algo em si mesmo, logo, não se trata de uma substância, mas de uma carência de um bem.

> Deve-se dizer certamente que o mal está nas coisas, mas como privação, não como algo real; não obstante, está na razão como algo inteligido; e por isto pode dizer-se que o mal é um ente de razão e não da coisa, dado que no intelecto é algo, mas não na coisa; e este mesmo ser inteligido, pelo qual se diz que algo é ente da razão, é um bem; pois é um bem que algo seja inteligido. (Faitanin, 2005, p. 25)

Para São Tomás de Aquino, o mal não é detentor de perfeição, ele é tão-somente a ausência do bem (e do ser), ou de algo que deveria compor a substância. Portanto, o mal não é. "O mal é a privação do bem, ora na natureza das coisas, a privação nada mais é que a falta do oposto possuído, e assim, seria o mesmo entristecer-se do bem perdido ou do mal presente" (Tomás de Aquino, 2009a, p. 443; STh I-II, q.36, a.1). A maldade provinda de alguém não pode ter suas raízes no Todo-Poderoso, visto que a mesma vem do agir, sendo um defeito desse agir. Na ação divina, porém, não há desvio, posto que é perfeição. Por isso, Aquino vai frisar que Deus só pode causar o ser e o bem.

Cabe frisar, no entanto, que, quando Aquino defende que o mal é um não-ser, não está sob hipótese alguma tomando-o como algo quimérico, passível de ser ignorado, e muito menos negando os problemas mundanos. Como exemplo, existe o som, mas não o "não-som"; no entanto, isso não significa que um deficiente auditivo, por exemplo, que é privado do som, não tenha um problema real, afinal, o ato de ouvir é um bem devido a ele e, por isso, o dever da medicina seria o de buscar uma solução, como o uso de aparelho auditivo ou uma cirurgia etc. Partindo da premissa de que tudo o que é almejado é um bem, chega-se à conclusão de que todo ser almeja sua própria existência e perfeição.

Adiante, a relação que se consolida entre o bem e o mal acontece de tal maneira que, por mais que este último se dissemine, ele jamais poderá aniquilar por completo o primeiro. Caso contrário, terminaria por aniquilar a si mesmo ao extinguir seu pilar. Assim, fica evidente que, se o mal tem o bem como princípio, não há como existir algo que seja mau em si mesmo. Toda a sua representação é desprovida de significado. Com isso, a filosofia tomista contraria todas as doutrinas que postulavam a existência de um mal supremo, a exemplo dos maniqueus, bem como refuta a concepção de Satanás como uma entidade cujo fundamento é a suma perversidade. Mesmo um anjo pode ser mau por vontade, mas não por natureza, pois, "se a alguma criatura é dado o poder de não pecar, é devido ao dom da graça, não à condição da natureza" (Tomás de Aquino, 2005a, p. 238; STh I, q.63, a.1). Nas palavras do filósofo:

> Para São Tomás de Aquino, o mal não é detentor de perfeição, ele é tão-somente a ausência do bem (e do ser), ou de algo que deveria compor a substância. Portanto, o mal não é.

> Não pode haver sumo mal que seja o princípio de todos os males. Com efeito, o sumo mal deve estar totalmente sem mescla de bem, como também o sumo bem é o que está totalmente separado do mal. Ora, não pode haver mal algum separado do bem. Logo, nenhuma coisa é sumo mal. Além disso, se alguma coisa é sumo mal, é necessariamente por essência, como também o sumo bem é o que por sua essência é o bem. Mas isto é impossível, pois o mal não tem essência alguma. Logo, é impossível haver o sumo mal que seja o princípio dos males. (Tomás de Aquino, 1996, p. 401; SCG, XV, c.1)

À luz dessas considerações, vimos que São Tomás de Aquino, ao mergulhar sobre a questão do mal, jamais desfez-se da crença de que o substrato último por trás de tudo é o bem, mas, ao contrário disso, sempre deixou-se conduzir pela anteposição metafísica do bem, o qual é por ele utilizado como um código para a compreensão do mal.

6.5
A significação de ente e de essência

Neste tópico apresentaremos o significado e a origem da constituição dos conceitos de ente e de essência, especificamente com base na filosofia de São Tomás de Aquino.

> A distinção real entre essência e existência é uma das doutrinas típicas da Escolástica do séc. XIII. Foi exposta pela primeira vez por Guilherme de Alvérnia, em De trinitate (composto entre 1223 e 1228). Seus criadores foram os neoplatônicos árabes, especialmente Avicena (séc. XI), que a expusera em Metafísica (II, 5, 1). Foi adotada por Maimônides, que a modificou no sentido de reduzir a existência a um simples acidente da essência (Guide des égarés, trad. fr., Munk, pp. 230-33). Mas quem deu à doutrina sua melhor expressão foi S. Tomás, que também a remeteu ao significado que recebera de Avicena, negando que a existência seja um simples acidente. (Abbagnano, 2007, p. 362)

São Tomás compreende a essência como essência necessária ou substancial.

> Ela é a *"quididade"* ou *"natureza"* que compreende tudo o que está expresso na definição da coisa; logo, não só a forma, mas também a matéria. Por ex., a essência do homem, definido como *"animal racional"*, compreende não só a racionalidade (que é forma), mas também a animalidade (que é matéria). (Abbagnano, 2007, p. 362)

Ao tratar sobre o ente e a essência em sua obra, Tomás de Aquino remete mais uma vez aos conceitos de Aristóteles. No livro V da *Metafísica* de Aristóteles, podemos encontrar duas formas para nos referirmos ao ente. Segundo Tomás de Aquino (2008, p. 5; De ente, I, 1),

> *numa, "ente" é o que se divide pelos dez gêneros; na outra, "ente" é o que significa a verdade das proposições. A diferença entre as duas está em que, na segunda, pode chamar-se "ente" a tudo aquilo de que é possível formar uma proposição afirmativa, mesmo que não corresponda a nada na realidade.*

A partir de sua ontologia, Tomás de Aquino mostra que todas as criaturas são entes e possuem componentes distintos, pois a base de suas composições é a distinção entre ato e potência apresentada por Aristóteles. O ato se relaciona com a perfeição, enquanto seu contrário, à imperfeição. Deus é ato puro e nele não é possível nenhum tipo de acidente ou potência. Como veremos, por ter um sentido amplo, podemos também compreender que seu sentido na filosofia não se apresenta de forma única para todos os filósofos. Sendo assim, também compreendemos por *ente*:

> *O que é, em qualquer dos significados existenciais de ser. Às vezes, mas raramente, essa palavra é usada para designar somente Deus: é o que faz Gioberti, em sua fórmula ideal: "o ente cria o existente"* (Introduzione alio studio delia fü., II, p. 183): *onde "ente" equivale a Deus, como ser necessário, e "existente" equivale às coisas criadas. Habitualmente essa palavra é usada em sentido mais geral. Diz Heidegger: "Chamamos de ente muitas coisas, em sentidos diferentes. ente é tudo aquilo de que falamos, aquilo a que, de um modo ou de outro, nos referimos; Ente é também o que e como nós mesmos somos"* (Sein und Zeit, § 2). *Mas nesse sentido generalíssimo prefere-se hoje a palavra entidade.* (Abbagnano, 2007, p. 334)

Podemos entender por *ente* também tudo aquilo que existe; o que não significa necessariamente que tudo o que podemos pensar exista. Precisamos fazer uma distinção entre o ente **lógico** (o que caracteriza o puramente conceitual) do **real** (aquele que não tem nenhuma relação com a mente). Quanto ao primeiro, ele nos permite unir vários conceitos, mesmo que desconectados da realidade, pois nem tudo o que é objeto do pensamento se configura da forma que pensamos. Muitos não terão correspondência alguma com o real ou a realidade. Por isso, afirmamos que Tomás apresenta o caráter universal dos conceitos com a abstração do intelecto. Este se eleva acima da experiência sensível, alcançando, assim, uma universalidade. Para exemplificar esse conceito, segue um excerto de Batista (2011, p. 97):

> Posso falar a verdade, por exemplo, quando afirmo que isso é aquilo. Falo a verdade mesmo que esse é não signifique que a afirmação seja verdadeira, nem que isso e aquilo existam. Para ilustrar esse raciocínio, podemos associar a cegueira aos olhos. A cegueira está nos olhos. Existem olhos privados da sua função de ver, mas não existe cegueira. Cegueira é apenas o modo pelo qual o intelecto expressa o fato de certos olhos não verem.

O ente diz respeito a todas as coisas, mas devemos nos ater à diferença entre Deus ser e das coisas do mundo possuírem o ser. Enquanto no primeiro o ser se identifica com sua própria essência e, por isso, é ato puro, o segundo se difere das coisas do mundo que não são existência, mas têm uma existência real. E é a partir dessa ideia que será possível distinguir *essência* de *existência*. Enquanto um se identifica com o ser, o outro possui aptidão para ser, ou seja, potência de ser, pois, da mesma forma que existem, podem perecer e deixar de ser, o que jamais acontecerá com o ato puro, pois nele não há contingência.

A medida que participam do ser de Deus, as criaturas em parte se assemelham a ele e em parte não. Não há **identidade** entre Deus e as criaturas, mas também não há **equivocidade** (isto é, diferença absoluta), pois sua imagem está refletida no mundo. Assim, há entre Deus e as criaturas uma relação de semelhança e dessemelhança. Pois bem, semelhança e dessemelhança, tomadas conjuntamente, constituem urna relação de **analogia**. (Reale; Antiseri, 2003b, p. 219-220, grifo do original)

Assim, há uma relação de participação entre Deus e os entes criados. Essa relação é analógica, pois se fala de certa semelhança, mas não absoluta, o que significa que não é completamente idêntico nem completamente diferente. O Uno, ao qual nos referimos a Deus, não pode ser autocontraditório e nem divisível, mas isso não o proíbe de ser participativo. Deus tem o ser de forma originária e o mundo tem o ser por participação. Assim, no mundo, essência e ato de ser são distintos, mas em Deus se coincidem, pois apenas nele essência e existência se coincidem.

Síntese

Neste capítulo, vimos que a *Suma Teológica* de São Tomás de Aquino pode ser considerada uma soma da filosofia de Aristóteles e do cristianismo. A obra em questão expõe de forma sintética a doutrina cristã e está dividida em três partes, sendo que a segunda parte é subdividida em duas. Vimos também que a tentativa de Tomás de Aquino em pensar uma doutrina por um viés racional foi uma junção que lhe trouxe respeito e o título de "Doutor da Igreja" ou "Doutor Angélico".

Verificamos que a fé e a razão são complementares e, para Aquino, a fé orienta a razão, mas não a substitui, porque a razão e a filosofia são preâmbulos da fé, ou seja, a filosofia é um instrumento do saber teológico. Abordamos também a questão da alma e da unidade substancial corpo-alma. Diferentemente de Agostinho, para Tomás de Aquino a base do conhecimento encontra seu pontapé inicial no mundo sensível, contudo, transcende a materialidade. Por outro lado, observamos também que algumas ideias do Doutor Angélico são resgatadas em Agostinho, por exemplo, quando fala sobre o mal, que para Aquino é uma privação ou deficiência do ente, ausência de Deus. Por fim, analisamos a diferenciação entre *ente* e *essência* e a relação de participação entre Deus e os entes criados.

Indicações culturais

Livros

REALE, G.; ANTISERI, D. **História da filosofia**: Patrística e Escolástica. Tradução de Ivo Storniolo. São Paulo: Paulus, 2003. v. 2. Outra fonte muito interessante para leitura e aprofundamento de alguns temas em geral sobre a filosofia. O volume 2 apresenta a temática *Patrística e Escolástica*, com um capítulo dedicado especificamente a Tomás de Aquino.

STRATHERN, P. **São Tomás de Aquino em 90 minutos**. Rio de Janeiro: Zahar, 1999. (Coleção Filósofos em 90 minutos).

Esse pequeno livro é uma opção interessante para quem vai começar a ler sobre Tomás de Aquino e não quer ir direito para as obras do filósofo. Traz uma breve introdução sobre o autor e trabalha temáticas como a vida e a obra e os principais conceitos do filósofo.

Vídeo

ATTA MÍDIA E EDUCAÇÃO. **Santo Agostinho e Santo Tomás de Aquino**. Disponível em: <http://www.attamidia.com.br/produtos.php?/prd/95/santo-agostinho-e-santo-tomas-de-aquino/>. Acesso em: 3 out. 2017.

Embora o vídeo trate também de Santo Agostinho, é interessante acompanhar essa palestra, pois vai apontar de forma simples o vínculo da filosofia aristotélica com a filosofia de Tomás de Aquino, e como este faz as devidas releituras do pensador grego.

Atividades de autoavaliação

1. Sobre a *Suma Teológica*, de São Tomás de Aquino, assinale a alternativa correta:
    a) Podemos afirmar que a obra é uma mescla do aristotelismo com o cristianismo, em que o resultado é a união entre a razão e a fé.
    b) Em seu primeiro volume, podemos encontrar as oito provas da existência de Deus, a qual, segundo o autor, não é evidente por si mesma.

c) No primeiro volume da obra, Tomás de Aquino aborda a bem-aventurança e como atingi-la, no caso, pela assimilação da essência divina.

d) O livro trata do amor, do prazer e da tristeza. Dentro do pensamento tomista, tal tema não é associável ao amor por Deus.

2. Considerando a filosofia de São Tomás de Aquino, marque V para verdadeiro e F para falso:

( ) A partir de suas ideias, não podemos considerar mais a fé e a razão como uma unidade ou uma coisa só, mas dois caminhos para se chegar ao conhecimento do divino.

( ) Aquino implementa a filosofia de Aristóteles na fundamentação teológica da Igreja Católica, tal qual Agostinho fez com o pensamento de Platão alguns séculos antes.

( ) A filosofia de São Tomás de Aquino traz a questão da felicidade integrada à vida humana como um todo. Para ele, todas as criaturas possuem um só e mesmo fim último: ser ato puro.

( ) A obra desenvolvida por Tomás é, na verdade, uma exposição completa da doutrina católica, com vistas à fortalecer todos os infiéis e gentios.

3. Leia as afirmações a seguir acerca da questão da alma para Tomás de Aquino:

1) Na linha que separa a corrente espiritualista (a qual concebe o indivíduo humano como alma racional e o corpo como seu prisioneiro) e a corrente materialista (que concebe o indivíduo apenas como corpo), a filosofia de São Tomás de Aquino vê o ser humano por meio da unidade substancial corpo-alma.

II) A noção tomista da unidade substancial corpo-alma sustentava-se na figura humana concentrada entre o céu e a terra. A vida espiritual e material mescladas representavam a vida em comunhão religiosa, entretanto, tal concepção do mundo natural só poderia ser de todo racional; do contrário, o espírito sucumbiria à matéria.

III) Para o pensador em questão, a alma é composta não de matéria e formato, mas de ato e potência, substâncias que, embora sejam unicamente formas sem matéria, nem por isso são uma simplicidade absoluta, nem são um ato puro, mas têm uma mistura de potência.

IV) Como substância, é a alma que se mescla à carne e insere o ente à matéria, a qual provê o sujeito de potência para ser ato.

Estão corretas apenas as afirmativas:
a) II, III e IV.
b) I, III e IV.
c) I e II.
d) I, II e III.

4. Qual das alternativas expressa corretamente a divisão da *Suma Teológica* de Tomás de Aquino?
   a) Parte I, Parte II e Parte III.
   b) Parte I, Parte I-II, Parte II-II, Parte III.
   c) Parte I-I, Parte II-I, Parte II, Parte III.
   d) Parte I, Parte II, Parte I-III e Parte II-III.

5. Segundo Tomás de Aquino, fazem parte das vias para se provar a existência de Deus, **exceto**:
   a) Movimento.
   b) Causa eficiente.
   c) Graus de perfeição.
   d) Livre-arbítrio.

Atividades de autoaprendizagem

Questões para reflexão

1. Como podemos compreender a questão da felicidade em Aristóteles e São Tomás de Aquino?

2. Como São Tomás de Aquino compreende a relação do conhecimento como causa do amor?

3. Com base no capítulo sobre o Príncipe da Escolástica, explique a seguinte expressão: "a razão e a filosofia são preâmbulos da fé".

4. Com base na frase a seguir, discuta com seu colegas e redija um parágrafo sobre o que vocês pensam das pessoas que insistem em demonstrar a sua fé. Se elas forem católicas, significa que estão erradas? Reflita e escreva suas conclusões.

> Os artigos de fé não podem ser demonstrados, pois o campo da demonstração geraria o que conhecemos por *ciência*.

Atividade aplicada: prática

1. Assista ao documentário *Santo Agostinho e Santo Tomás de Aquino* (Atta Digital), sugerido na Seção Indicações culturais e faça uma síntese das principais ideias apresentadas pelo professor Dr. Antônio Joaquim Severino sobre Agostinho e Tomás de Aquino. Em seguida, elabore um texto de uma lauda para compartilhar com os colegas de turma.

    ATTA MÍDIA E EDUCAÇÃO. **Santo Agostinho e Santo Tomás de Aquino**. Disponível em: <http://www.attamidia.com.br/produtos.php?/prd/95/santo-agostinho-e-santo-tomas-de-aquino/>. Acesso em: 3 out. 2017.

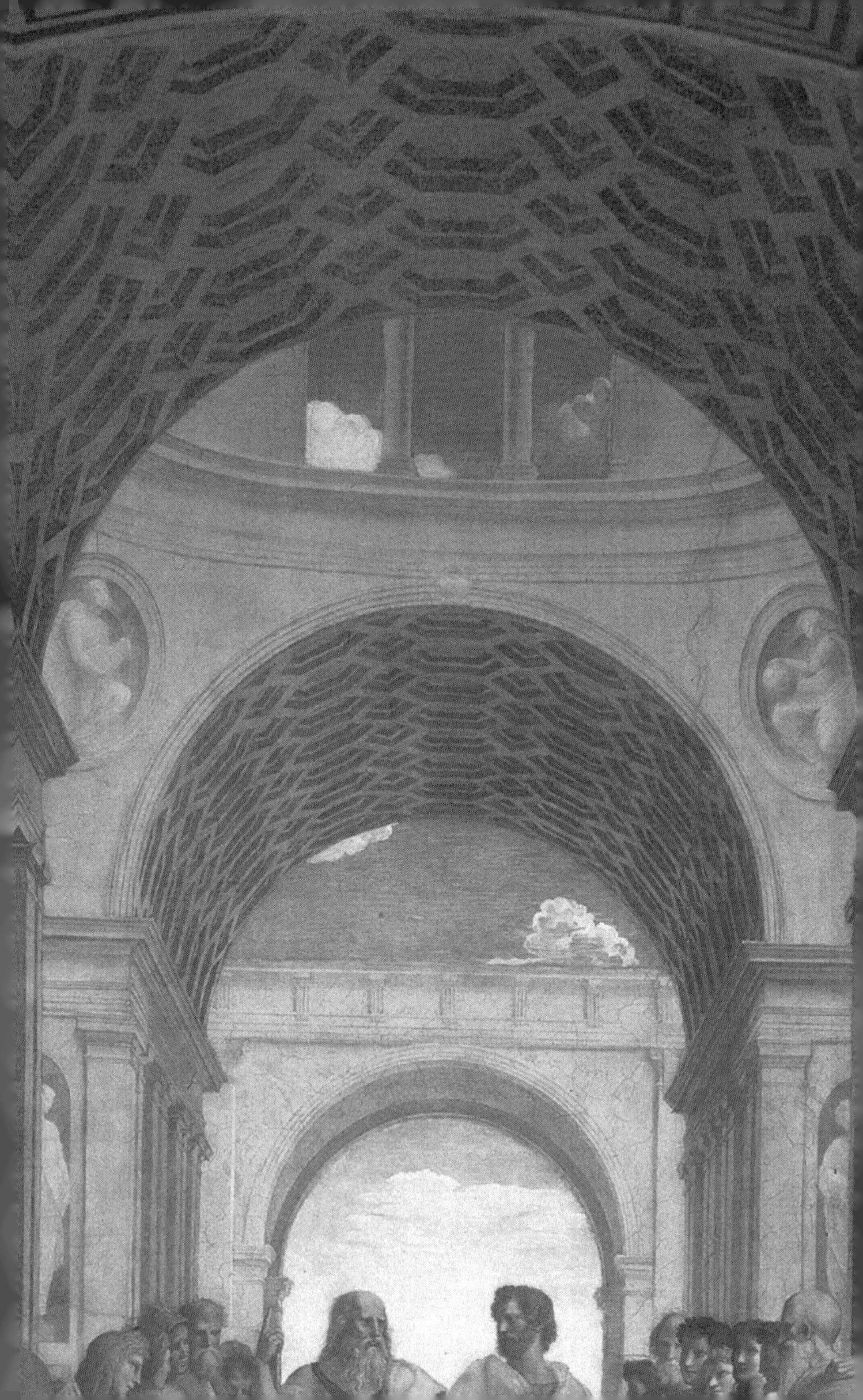

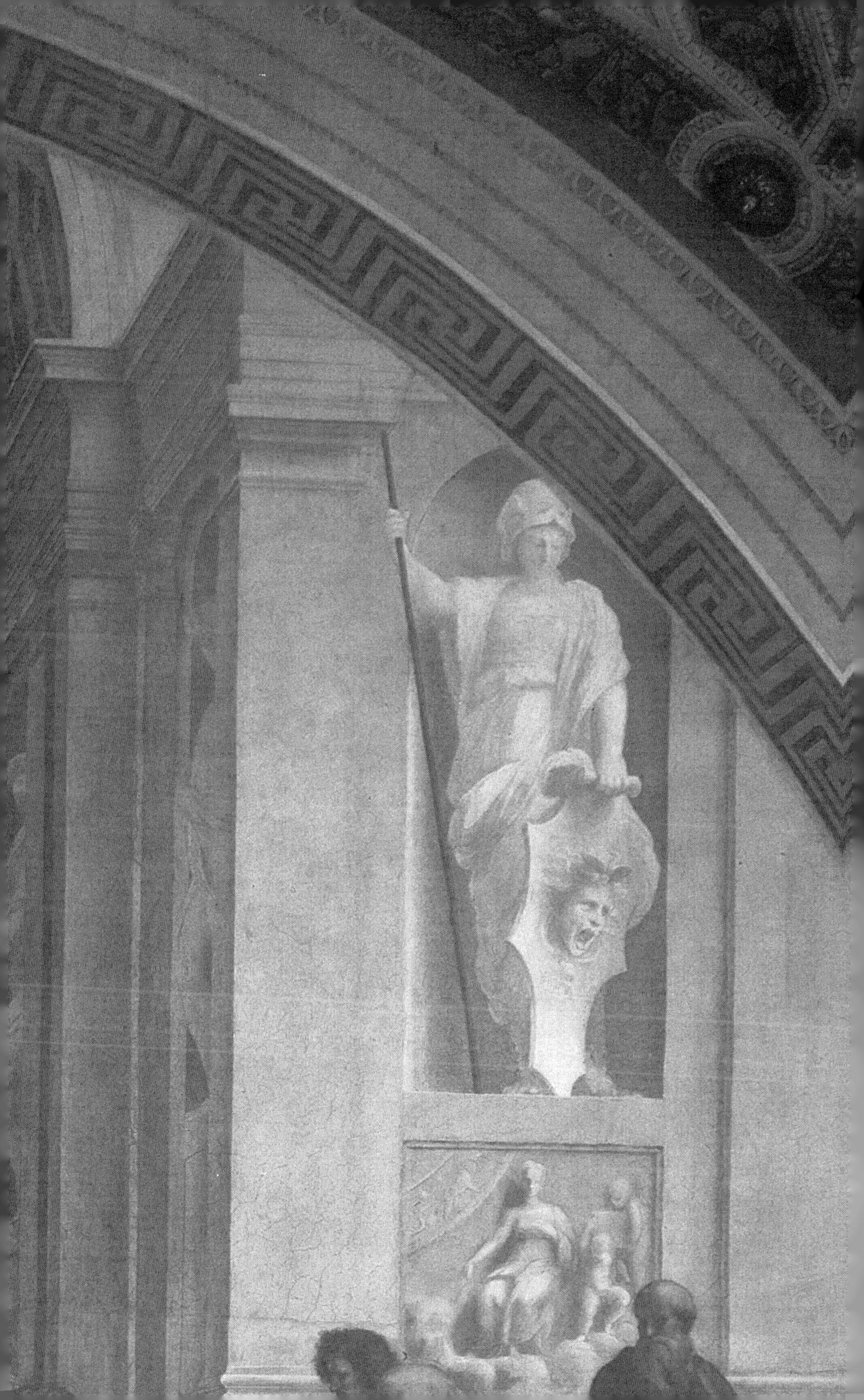

considerações finais

Alguns pontos podem ser elencados a título de fechamento desta obra. Primeiro, que Deus, enquanto problema filosófico – temática muito discutida até os dias atuais –, não possui um ponto final. Essa questão pode ser abordada de muitas formas, tanto para construir um ideário religioso quanto para desconstruir esse ideário com base nas ideias de pensadores contrários a toda manifestação metafísica na filosofia, nas religiões ou na arte. Nesta obra, trilhamos um caminho notório – devido às obras que discutimos – rumo a uma fundamentação da problemática de Deus a partir da filosofia medieval.

A forma como elencamos os temas desta obra, em tópicos e temáticas, objetivou uma reflexão geral a respeito de cada um dos problemas apresentados. Isso demonstra que não tivemos a pretensão de fazer um levantamento cronológico ou com sequência histórica rígida a respeito das temáticas levantadas. A cada tópico ou capítulo, valorizamos obras específicas para enriquecer nosso debate.

Não obstante utilizarmos filósofos medievais – o que poderia fazer crer que desejávamos somente uma fundamentação religiosa e, por sinal, cristã –, buscamos uma reflexão racional desse problema à luz da filosofia. Nosso escopo foi, então, promover um debate que deixasse claro que até mesmo os pensadores cristãos medievais, absorvidos pela doutrina e pela fé cristãs, não aceitavam todos os discursos sobre Deus que ao longo da história se levantaram, sobretudo em relação a problemas como o que a Igreja intitula *Mistério da Santíssima Trindade*.

Nesse empenho, vimos que Santo Agostinho, com sua produção filosófica e teológica, teve uma repercussão profícua na transição do paganismo para o cristianismo, apresentando, à luz da filosofia e da fé, as fragilidades das ideias difundidas na época – as quais não se sustentavam diante de argumentações tão sólidas advindas de um pensador com o respeito e o prestígio de Agostinho. Para ele, Deus é a luz que ilumina a nossa razão, enquanto o entendimento divino é aquilo que produz em nós as realidades criadas em nossa inteligência.

Outros tópicos foram aparecendo durante a obra, como o livro *A consolação da filosofia*, de Boécio, que nos levou à reflexão de que a essência da felicidade e Deus se misturam. Nos seus diálogos, Boécio nos apresenta caminhos para superar os sofrimentos ocasionados pela própria vida e para encontrar forças dentro de nós mesmos, pois é pela filosofia que conseguimos ter autodomínio e autoconsciência. Ao final, pudemos aprender que aqueles que se afastam da honestidade, afastam-se também da sua própria felicidade, ao passo que se afastam de Deus.

Sobre a manifestação de Deus, Erígena, em sua obra *De divisione naturae*, apresentou uma classificação quadridimensional para mostrar a diferença entre a natureza de Deus e das criaturas. Assim, chegamos à teofania: para Erígena, sem ela não há criatura, não há homem. Por isso, o tema da encarnação do verbo e da deificação compõe o momento único de reflexão que proporciona a ideia do retorno, melhor dizendo, da epopeia do retorno tratada na obra.

Como se não bastassem todas as reflexões elencadas, fez-se importante mencionar que a linguagem – que nos leva à gramática e nos proporciona desvelar a verdade por trás dos discursos – foi um exercício constante na Idade Média, sobretudo nas obras de Pedro Abelardo, especificamente em *Sic et Non*. Vimos que a obra de Abelardo possui um viés hermenêutico, capaz de influenciar autores como Tomás de Aquino, sobretudo na elaboração da *Suma Teológica*, assunto que escolhemos para fechar esta obra. O Príncipe da Escolástica expõe, de forma sintética, a doutrina da Igreja, no intuito de dirimir muitos problemas sobre Deus, verdade e questões da fé levantados em seu tempo.

Em todos os tópicos apresentados, nosso objetivo foi ser uma bússola nas mãos do leitor, que, diante desse período filosófico na história, busca as veredas de alguns debates e uma navegação permeada por sólidas referências bibliográficas, com indicações, inclusive, de materiais e recursos audiovisuais para a complementação dos estudos. Assim, as questões aqui apresentas se estendem não somente por essas leituras, mas por todos os períodos filosóficos, tanto antigos quanto modernos e contemporâneos.

lista de siglas

I – Das obras citadas

Conf.	Santo Agostinho, *Confissões* (397-401)
Contra acad.	Santo Agostinho, *Contra os acadêmicos* (386)
De Trin.	Santo Agostinho, *A Trindade* (399-419)
De lib. Arb.	Santo Agostinho, *O Livre-arbítrio* (388-395)
De beat. vit.	Santo Agostino, *A vida feliz* (386)
De civ. Dei	Santo Agostinho, *A cidade de Deus* (413-427)
De vera rel.	Santo Agostinho, *A verdadeira religião* (389-391)
SCG	Tomás de Aquino, *Suma contra os gentios*
STh	Tomás de Aquino, *Suma Teológica*
De ente	Tomás de Aquino, *O ente e a essência*

II – Das citações

a.	Artigo
c.	Capítulo
q.	Questão
I	1ª Parte
I-II	1ª seção da 2ª Parte
II-II	2ª seção da 2ª Parte
Cf.	Conferir

referências

ABBAGNANO, N. **Dicionário de filosofia**. 5. ed. São Paulo: M. Fontes, 2007.

ABELARDO, P. **Sí y no**. Traducción de Carlos Domínguez. Mar del Plata: Universidad Nacional de Mar del Plata/Giem, 2014.

AGOSTINHO, Santo. **A cidade de Deus**. Tradução de J. Dias Pereira. 2. ed. Lisboa: Fundação Calouste Gulbenkian, 1996. v. 1.

AGOSTINHO, Santo. **A cidade de Deus**. Tradução de J. Dias Pereira. 2. ed. Lisboa: Fundação Calouste Gulbenkian, 2000. v. 2.

AGOSTINHO, Santo. **A doutrina cristã**: manual de exegese e formação cristã. São Paulo: Paulus, 2002a. (Coleção Patrística, v. 17).

AGOSTINHO, Santo. **A Trindade**. Tradução de Augusto Belmonte. São Paulo: Paulus, 1994. (Coleção Patrística, v. 7).

AGOSTINHO, Santo. **A verdadeira religião. O cuidado devido aos mortos**. São Paulo: Paulus, 2002b. (Coleção Patrística, v. 19).

AGOSTINHO, Santo. **Confissões**. São Paulo: Paulus, 1997. (Coleção Patrística, v. 10).

AGOSTINHO, Santo. **Contra os acadêmicos. A ordem. A grandeza da alma. O mestre**. São Paulo: Paulus, 2008. (Coleção Patrística, v. 24).

AGOSTINHO, Santo. **O livre-arbítrio**. Tradução de Nair de Assis Oliveira. 2. ed. São Paulo: Paulus, 1995. (Coleção Patrística, v. 8).

AGOSTINHO, Santo. **Solilóquios. A vida feliz**. Tradução de Adaury Fiorotti e Nair de Assis Oliveira. São Paulo: Paulus, 1998. (Coleção Patrística, v. 11).

ARANHA, M. L. de A.; MARTINS, M. H. P. **Filosofando**: introdução à filosofia. 3. ed. São Paulo: Moderna, 2003.

ARIAS, L. Introducción y análisis de la obra. In: AGUSTIN, San. **Tratado sobre la Santísima Trinidad**. 2. ed. Madrid: La Editorial Católica, 1956. p. 3-110.

BATISTA, W. J. **Memória da ausência**: os séculos de elaboração do discurso sobre o mistério. Rio de Janeiro: Letra Capital, 2011.

BELMONTE, A. Introdução. In: AGOSTINHO, Santo. **A Trindade**. Tradução de Augusto Belmonte. São Paulo: Paulus, 1994. (Coleção Patrística, v. 7). p. 9-17.

BÍBLIA. Português. **Bíblia sagrada**. Edição pastoral. São Paulo: Paulus, 1990.

BOÉCIO. **A consolação da filosofia**. Tradução de Willian Li. São Paulo: M. Fontes, 1998. (Coleção Clássicos).

CALABRESE, C. Introducción a Sic et non de Pedro Abelardo. In: ABELARDO, P. **Sí y no**. Traducción de Carlos Domínguez. Mar del Plata: Universidad Nacional de Mar del Plata/Giem, 2014. p. viii-xii.

CALLEJAS, J. N. Interrogantes sobre "Algunas cuestiones actuales de escatología". **Teología y Vida**, v. 33, p. 225-235, 1992. Disponível em: <https://repositorio.uc.cl/bitstream/handle/11534/16637/000674067.pdf?sequence=1&isAllowed=y>. Acesso em: 3 jan. 2018.

CAMPOS, F. F. de. **Fé e razão na Suma contra os gentios de Tomás de Aquino**. In: JORNADA DE ESTUDOS ANTIGOS E MEDIEVAIS, 10., 2011, Maringá. **Anais**... Maringá: UEM, 2011. Disponível em: <http://www.ppe.uem.br/jeam/anais/2011/pdf/comun/03014.pdf>. Acesso em: 3 jan. 2018.

CANTÓN ALONSO, J. L. Intelecto y teofania en Escoto Eriúgena. In: CONGRESO NACIONAL DE FILOSOFÍA MEDIEVAL, 1., 1992, Zaragoza. **Actas**... Zaragoza, 1992. p. 213-225.

CARON, M. **La Trinité**: Saint Augustin. Paris: Ellipses, 2004. (Colletions Philo-Textes).

CORETH, E. **Questões fundamentais de hermenêutica**. Tradução de Carlos Lopes de Matos. São Paulo: EPU/Edusp, 1973.

DALPRA, F. A fundamentação da antropologia agostiniana no De Trinitate. **Revista Ética e Filosofia Política**, v. 1, n. 18, p. 118-128, ago. 2015. Disponível em: <http://www.ufjf.br/eticaefilosofia/files/2015/08/18_1_dalpra.pdf>. Acesso em: 2 jan. 2018.

DE BONI, L. A. **Filosofia medieval**: textos. 2. ed. Porto Alegre: EdiPUCRS, 2005. (Coleção Filosofia, v. 110).

DOMINGO, S. de. Prólogo. In: FELIX, M. M. **El Octavio**. Sevilla: Apostolado Mariano, 1990. (Serie Los Santos Padres, n. 13). Disponível em: <http://www.apostoladomariano.com/pdf/813.pdf>. Acesso em: 3 jan. 2018.

ESCOTO ERIÚGENA, J. **Periphyseon**: Division of Nature. Montreal: Bellarmin, 1987.

ESCOTO ERIÚGENA, J. **División de la naturaleza (Periphyseon)**. Traducción de Francisco José Fortuny. Barcelona: Ediciones Orbis, 1984.

FAITANIN, P. O mal, perda do bem. In: TOMÁS DE AQUINO, São. **Sobre o mal**. Tradução de Carlos Ancêde Nougué. Rio de Janeiro: Sétimo Selo, 2005. p. 1-35.

FIGUEIREDO, G. J. G. **Liberdade e vontade em João Duns Escoto**. 173 f. Dissertação (Mestrado em Filosofia) – Faculdade de Letras, Universidade de Coimbra, Coimbra, 2009. Disponível em: <https://estudogeral.sib.uc.pt/bitstream/10316/13476/1/Tese_mestrado_Gon%C3%A7alo%20Figueiredo.pdf>. Acesso em: 4 jan. 2018.

FORTUNY, J. F. Introducción. In: ESCOTO ERIÚGENA, J. **División de la naturaleza (Periphyseon)**. Traducción de Francisco José Fortuny. Barcelona: Ediciones Orbis, 1984. p. 9-34.

FUMAROLI, M. Prefácio. In: BOÉCIO. **A consolação da filosofia**. Tradução de Willian Li. São Paulo: M. Fontes, 1998. p. 7-37.

GIANNINI, H.; VELÁSQUEZ, Ó. Prólogo. In: TOMÁS DE AQUINO, São. **De Veritate**. Tradução de Humberto Giannini e Óscar Velásquez. Santiago: Editorial Universitária, 1996. p. 11-17.

GILSON, E. **A filosofia na Idade Média**. Tradução de Eduardo Brandão. São Paulo: M. Fontes, 2001.

GILSON, E. **Evolução da Cidade de Deus**. Tradução de João Camilo de Oliveira Torres. São Paulo: Herder, 1965.

GILSON, E. **Introdução ao estudo de Santo Agostinho**. Tradução de Cristiane Negreiros Abbud Ayoub. São Paulo: Discurso Editorial; Paulus, 2006.

GILSON, E.; BOEHNER, P. **História da filosofia cristã**. 10. ed. Petrópolis: Vozes, 2007.

GONÇALVES, J. M. **Religião e violência na África Romana**: Agostinho e os Donatistas. 128 f. Dissertação (Mestrado em História) – Centro de Ciências Humanas e Naturais, Universidade Federal do Espírito Santo, Vitória, 2009. Disponível em: <http://www.dominiopublico.gov.br/download/texto/cp113581.pdf>. Acesso em: 4 jan. 2018.

GREGGERSEN, G. Concepção de história em A cidade de Deus de Santo Agostinho. **Revista Itinerários**, Araraquara, n. 23, p. 69-83, 2005. Disponível em: <http://seer.fclar.unesp.br/itinerarios/article/view/2807/2560>. Acesso em: 4 jan. 2018.

GRUDEM, W. **Teología sistemática**. Miami: Editorial Vida, 2008.

JAPIASSÚ, H.; MARCONDES, D. **Dicionário básico de filosofia**. 3. ed. rev. e ampl. Rio de Janeiro: J. Zahar, 2001.

JASPERS, K. **Introdução ao pensamento filosófico**. Tradução de Leonidas Hegenberg e Octanny Silveira da Mota. São Paulo: Cultrix, 1993.

LI, W. Introdução. In: SÊNECA. **Sobre a brevidade da vida**. São Paulo: Nova Alexandria, 1993.

LIBERA, A. de. **A filosofia medieval**. São Paulo: Loyola, 1998.

LOYN, H. R. (Org.). **Dicionário da Idade Média**. Tradução de Álvaro Cabral. Rio de Janeiro: J. Zahar, 1997.

MACHADO, A. C. História da hermenêutica. Disponível em: <http://www.reocities.com/a_c_machado/HermJur/HistHermeneutica.pdf>. Acesso em: 23 jan. 2018.

MANCUSO, V.; PACOMIO, L. (Org.). **Lexicon**: dicionário teológico enciclopédico. São Paulo: Loyola, 2003.

MARROU, H.-I. **Teologia da história**: o sentido da caminhada da humanidade através da temporalidade. Petrópolis: Vozes, 1989.

MATTHEWS, G. B. **Santo Agostinho**: a vida e as ideias de um filósofo adiante de seu tempo. Tradução de Álvaro Cabral. Rio de Janeiro: J. Zahar, 2007.

MAXIMILIANO, C. **Hermenêutica e aplicação do direito**. 20. ed. Rio de Janeiro: Forense, 2011.

MEDINA, J. **Linguagem**: conceitos-chave em filosofia. Tradução de Fernando José R. da Rocha. Porto Alegre: Artmed, 2007.

MEIER, C. **Filosofia**: por uma inteligência da complexidade. 2. ed. Belo Horizonte: Pax, 2014.

MORAN, D. **The Philosophy of John Scottus Eriugena**: a Study of Idealism in the Middle Ages. Cambridge: Cambridge University Press, 1989.

MOURA, D. O. Introdução à suma contra os gentios. In: TOMÁS DE AQUINO, São. **Suma contra os gentios**. Tradução de D. Odilão Moura e D. Ludgero Jaspers. Porto Alegre: Escola Superior de Teologia São Lourenço de Brindes; Sulina; Caxias do Sul: Universidade de Caxias do Sul, 1990. v. 1. p. 3-18.

NIETZSCHE, F. **Além do bem e do mal**: prelúdio a uma filosofia do futuro. Tradução de Paulo César de Souza. São Paulo: Companhia de Bolso, 2005.

NUNES, R. A. da C. Santo Agostinho e a educação. In: NUNES, R. A. da C. **História da educação na Antiguidade cristã**. São Paulo: Edusp, 1978. p. 203-228.

OERTZEN, M. von. A unidade da alma com o corpo em Tomás de Aquino. **Revista Eletrônica Espaço Teológico**, v. 9, n. 15, p. 107-118, jan./jun. 2015. Disponível em: <https://revistas.pucsp.br/index.php/reveleteo/article/viewFile/23765/17038>. Acesso em: 4 jan. 2018.

OLIVEIRA, J. E. de; COSTA, M. R. N. A felicidade na filosofia de Tomás de Aquino. **Revista Ágora Filosófica**, Recife, ano 11, n. 2, p. 65-77, jul./dez. 2011. Disponível em: <http://www.unicap.br/ojs/index.php/agora/article/view/152/139>. Acesso em: 4 jan. 2018.

OLIVEIRA, N. de A. Notas complementares. In: AGOSTINHO, Santo. **A Trindade**. Tradução de Augusto Belmonte. São Paulo: Paulus, 1994. (Coleção Patrística, v. 7). p. 559-723.

PEGORARO, O. A. A verdade em São Tomás e Heidegger. In: PEGORARO, O. A. **Relatividade dos modelos**: ensaios filosóficos. Petrópolis: Vozes, 1979. p. 71-82.

PEREIRA, J. D. Nota biográfica sobre santo Agostinho. In: AGOSTINHO, Santo. **A cidade de Deus**. Tradução de J. Dias Pereira. 2. ed. Lisboa: Fundação Calouste Gulbenkian, 1996. v. 1. p. 7-83

PERNOUD, R. **Luz sobre a Idade Média**. Tradução de António Manuel de Almeida Gonçalves. Portugal: Publicações Europa-América, 1997.

PINTO, E. F. A ética aristotélica: o caminho para a felicidade completa. **Revista Filosofia Capital**, Brasília, v. 5, n. 11, p. 3-12, jul. 2010. Disponível em: <http://www.filosofiacapital.org/ojs-2.1.1/index.php/filosofiacapital/article/view/132/116>. Acesso em: 4 jan. 2018.

PIRATELI, M. R. De Aurélio Agostinho a Santo Agostinho de Hipona. **Acta Scientiarum. Human and Social Sciences**, Maringá, v. 25, n. 2, p. 327-335, 2003. Disponível em: <http://periodicos.uem.br/ojs/index.php/ActaSciHumanSocSci/article/viewFile/2187/1366>. Acesso em: 4 jan. 2018.

REALE, G.; ANTISERI, D. **História da Filosofia**: filosofia pagã antiga. Tradução de Ivo Stomiolo. São Paulo: Paulus, 2003a. v. 1.

REALE, G. **História da filosofia**: Patrística e Escolástica. Tradução de Ivo Stomiolo. São Paulo: Paulus, 2003b. v. 2.

ROCHA, H. M. **Pelos caminhos de Santo Agostinho**. São Paulo: Loyola, 1989.

ROCHA, Z. **Paixão, violência e solidão**: o drama de Abelardo e Heloísa no contexto cultural do século XII. Recife: Ed. da UFPE, 1996.

SANTOS, I. O. dos. A teofania no pensamento de Scoto Eriúgena. Ágora Filosófica, ano 9, n. 1, p. 61-72, jan./jun. 2009. Disponível em: <http://www.unicap.br/ojs/index.php/agora/article/view/73/71>. Acesso em: 4 jan. 2018.

SHELDON-WILLIAMS, I. P. Eriugena's Interpretation of the Pseudo-Dionysius. **Studia Patristica**, v. 12, p. 151-154, 1971.

SILVA, C. H. do C. O pensamento da diferença no "De divisione naturae" de Escoto Eriúgena. **Didaskalia**, Lisboa, v. 3, n. 2, p. 247-304, 1973. Disponível em: <https://repositorio.ucp.pt/bitstream/10400.14/11957/1/V00302-247-303.pdf>. Acesso em: 4 jan. 2018.

SILVA, I. F. da. **O conceito de participação em João Escoto Eriúgena**. 108 f. Dissertação (Mestrado em História da Metafísica) – Centro de Ciências Humanas, Letras e Artes, Universidade Federal do Rio Grande do Norte, Natal, 2006. Disponível em: <https://repositorio.ufrn.br/jspui/bitstream/123456789/16485/1/IrisFS.pdf>. Acesso em: 4 jan. 2018.

STRECK, L. L. **Hermenêutica jurídica e(m) crise**: uma exploração hermenêutica da construção do direito. Porto Alegre: Livraria do Advogado, 2000.

STREFLING, S. R. A atualidade das Confissões de Santo Agostinho. **Teocumunicação**, Porto Alegre, v. 37, n. 156, p. 259-272, jun. 2007. Disponível em: <http://revistaseletronicas.pucrs.br/ojs/index.php/teo/article/viewFile/2707/2058>. Acesso em: 4 jan. 2018.

TEIXEIRA, E. F. B. **Imago Trinitatis**: Deus, sabedoria e felicidade – estudo teológico sobre o De Trinitate de Santo Agostinho. Porto Alegre: EdiPUCRS, 2003. (Coleção Teologia, v. 25). Disponível em: <http://www.pucrs.br/edipucrs/digitalizacao/irmaosmaristas/imagotrinitasis.pdf>. Acesso em: 2 jan. 2018.

TOMÁS DE AQUINO, São. **O ente e a essência**. Tradução de Mário Santiago de Carvalho. Covilhã: Universidade da Beira Interior, 2008.

TOMÁS DE AQUINO, São. **Suma contra os gentios**. Tradução de D. Odilão Moura e D. Ludgero Jaspers. Porto Alegre: Escola Superior de Teologia São Lourenço de Brindes; Sulina; Caxias do Sul: Universidade de Caxias do Sul, 1990. v. 1.

TOMÁS DE AQUINO, São. **Suma contra os gentios**. Tradução de D. Odilão Moura e D. Ludgero Jaspers. Porto Alegre: EdiPUCRS, 1996. v. 2.

TOMÁS DE AQUINO, São. **Suma teológica**: a bem-aventurança; os atos humanos; as paixões da alma. São Paulo: Loyola, 2009a. v. 3.

TOMÁS DE AQUINO, São. **Suma teológica**: a criação; o anjo; o homem. São Paulo: Loyola, 2005a. v. 2.

TOMÁS DE AQUINO, São. **Suma teológica**: os hábitos e as virtudes; os dons do Espírito Santo; os vícios e os pecados; a lei antiga e a lei nova; a graça. São Paulo: Loyola, 2005b. v. 4.

TOMÁS DE AQUINO, São. **Suma teológica**: os hábitos e as virtudes; os dons do Espírito Santo; os vícios e os pecados; a lei antiga e a lei nova; a graça. 2. ed. São Paulo: Loyola, 2009b. v. 8.

TOMÁS DE AQUINO, São. **Suma teológica**: Teologia; Deus; Trindade. 3. ed. São Paulo: Loyola, 2009c. v. 1.

TOMÁS DE AQUINO, São. **Verdade e conhecimento**. Tradução de Luiz Jean Lauand e Mario Bruno Sproviero. São Paulo: Martins Fontes, 1999.

VASCONCELLOS, M. **Filosofia medieval**: uma breve introdução. Pelotas: NEPFIL, 2014.

WHITE, L. A. Os símbolos e o comportamento humano. In: CARDOSO, F. H.; IANNI, O. **Homem e sociedade**: leituras básicas de sociologia geral. 2. ed. rev. São Paulo: Companhia Editora Nacional, 1965. p. 180-192.

ZILLES, U. Apresentação. In: TOMÁS DE AQUINO, São. **Suma contra os gentios**. Tradução de D. Odilão Moura e D. Ludgero Jaspers. Porto Alegre: EdiPUCRS, 1996. p. 379-380.

bibliografia comentada

ABBAGNANO, N. **Dicionário de filosofia**. 5. ed. São Paulo: M. Fontes, 2007.

Esse dicionário tem como escopo possibilitar ao estudante ou pesquisador um grande repertório de possibilidades de filosofar através dos conceitos da linguagem filosófica apresentados. Com termos que vão desde à Grécia antiga aos pensadores modernos, é um excelente material para desenvolver trabalhos acadêmicos, pois além de demonstrar os significados das palavras, aborda a contextualização, quando possível, de cada pensador que utilizou ou criou determinado termo.

ABELARDO, P. **Sí y no**. Mar del Plata: Universidad Nacional de Mar del Plata/GIEM, 2014.

Sic et Non ("Sí y No") é uma obra que está organizada em 158 questões teológicas que respondem a uma necessidade das escolas de toda a Europa, a saber: estabelecer uma concordância entre os pareceres discordantes dos Santos Padres. Nessa obra, o autor menciona que esse trabalho é necessário para uma abordagem dialética sobre os argumentos e questões teológicas e filosóficas da época.

AGOSTINHO, Santo. **A cidade de Deus**. Tradução de J. Dias Pereira. 2. ed. Lisboa: Fundação Calouste Gulbenkian, 1996. v. 1.

AGOSTINHO, Santo. **A cidade de Deus**. Tradução de J. Dias Pereira. 2. ed. Lisboa: Fundação Calouste Gulbenkian, 2000. v. 2.

A obra aborda a invasão e o saque de Roma, em 410, por Alarico, rei dos visigodos – um acontecimento que marca não somente a história, mas os rumos da fé cristã. Esse momento histórico foi um fato preponderante para que Agostinho escrevesse esses livros combatendo todos os erros e blasfêmias e ilustrasse ao mesmo tempo o duelo entre as duas cidades. Trata-se de uma obra tão importante que até hoje continua a ser lida e estudada por muitos teólogos e filósofos.

AGOSTINHO, Santo. **A doutrina cristã**: manual de exegese e formação cristã. São Paulo: Paulus, 2002. (Coleção Patrística, v. 17).

A doutrina Cristã é uma obra em que Agostinho apresenta uma forma de entendimento da Sagrada Escritura. Ele nos mostra as razões pelas quais devemos nos aprofundar nas Escrituras e demonstra o quanto foram importantes para o seu trabalho. Podemos dizer que esta obra é um manual de exegese que apresenta uma forma interpretativa das Escrituras dirigidas a todos aqueles que se interessam pelo estudo e aprofundamento interpretativo da bíblia.

AGOSTINHO, Santo. **A Trindade**. Tradução de Augusto Belmonte. São Paulo: Paulus, 1994. (Coleção Patrística, v. 7).

Esta obra apresenta questões sobre o mistério da Trindade. Agostinho a escreve com o desejo de apresentar a vida de Deus como semelhante à atividade íntima da alma que pensa, conhece e ama. A obra apresenta um retrato de Agostinho como um homem pertinaz em suas investigações, mestre do bem escrever, fiel às escrituras e à doutrina cristã. Seu escopo é apresentar a unidade das três pessoas da Trindade como um e único Deus.

AGOSTINHO, Santo. **Confissões**. São Paulo: Paulus, 1997. (Coleção Patrística, v. 10).

Santo Agostinho, a partir de sua vida e história, faz uma retrospectiva de todo o que lhe aconteceu, revela-nos sua alma com todas as alegrias e angústias vividas até encontrar o caminho de paz dentro de cristianismo. É uma obra que dialoga com seus interlocutores, ao passo que se identificam na trajetória até Deus. Tem um valor filosófico, teológico e literário muito grande e um reconhecimento que atravessou os séculos. *Confissões* é o desabafo de uma alma que chora por sofrer, mas também de alegria por encontrar aquilo que sempre desejou, seu bem maior, que tanto buscou fora de si, enquanto estava dentro dela todo o tempo.

AGOSTINHO, Santo. **Contra os acadêmicos. A ordem. A grandeza da alma. O mestre**. Tradução de Augusto Belmonte. São Paulo: Paulus, 2008. (Coleção Patrística, v. 24).

Nesse volume da Editora Paulus, podemos encontrar quatro dos conhecidos diálogos filosóficos de Santo Agostinho. O primeiro, *Contra os Acadêmicos*, discute a relação entre felicidade e a possibilidade do conhecimento da verdade e a doutrina dos acadêmicos. A segunda, *Ordem*, estuda a ordem racional com a qual a divina Providência rege e governa todas as coisas. O autor coloca o problema da relação de Deus para com as ações humanas e as coisas que o homem é capaz de realizar com as suas ações, inclusive a maldade. Por fim, *O mestre* é um diálogo que acontece entre Agostinho e seu filho, Adeodato. Juntos, discutem a questão da linguagem; A mensagem que eles nos deixam no diálogo é o reconhecimento de que Deus é o único Mestre.

AGOSTINHO, Santo. **O livre-arbítrio**. Tradução de Nair de Assis Oliveira. 2. ed. São Paulo: Paulus, 1995. (Coleção Patrística, v. 8).

Temos nessa obra um grande trabalho de Agostinho sobre a questão do pecado, sua origem e como o homem deve enfrentar essa situação assumindo com responsabilidade os efeitos de suas próprias ações. O autor aborda a questão da origem do mal e mostra que o livre-arbítrio é um dom de Deus que nos permite trilhar caminhos por nós mesmos escolhidos, sem projetar em Deus ou em outra pessoa os frutos de nossas frustações quando algo não sai como desejamos.

AGOSTINHO, Santo. **Solilóquios. A vida feliz**. Tradução de Adaury Fiorotti e Nair de Assis Oliveira. São Paulo: Paulus, 1998. (Coleção Patrística, v. 11).

Duas obras podem ser lidas neste volume. A primeira é *Solilóquios*, elaborada em forma de diálogos. Podemos dizer que tal obra serve de prelúdio à obra *Confissões*. Agostinho elabora um diálogo consigo mesmo e, por uma dissociação, responde a si mesmo como se fosse uma terceira pessoa. Seria o diálogo de Agostinho com a sua própria razão, de onde vem o nome da obra, *Solilóquio* – o ato de alguém conversar consigo mesmo, um monólogo. Em *A vida feliz*, o autor nos conduz ao problema da felicidade, concluindo que não pode haver vida feliz sem o conhecimento de Deus.

TOMÁS DE AQUINO, São. **O ente e a essência**. Tradução de Mário Santiago de Carvalho. Covilhã: Universidade da Beira Interior 2008.

A obra *O ente e a essência* pode ser considerada um marco na bibliografia de Tomás de Aquino. Nesta obra, ele apresenta as distinções entre o ente, a essência e o ser. Mostra a subsistência em suas divisões, o acidente e as relações de tudo isso com as intenções lógicas. Como Aristóteles, o autor considera a metafísica a ciência que estuda o ente enquanto ente, pois, segundo Tomás, a metafísica não estuda um tipo específico de ente, mas a própria natureza do ente.

TOMÁS DE AQUINO, São. **Suma teológica**: Teologia; Deus; Trindade. 3. ed. São Paulo: Loyola, 2009. v. 1.

TOMÁS DE AQUINO, São. **Suma teológica**: a criação; o anjo; o homem. São Paulo: Loyola, 2005. v. 2.

TOMÁS DE AQUINO, São. **Suma teológica**: a bem-aventurança; os atos humanos; as paixões da alma. São Paulo: Loyola, 2009. v. 3.

TOMÁS DE AQUINO, São. **Suma teológica**: os hábitos e as virtudes; os dons do Espírito Santo; os vícios e os pecados; a lei antiga e a lei nova; a graça. São Paulo: Loyola, 2005. v. 4.

TOMÁS DE AQUINO, São. **Suma teológica**: os hábitos e as virtudes; os dons do Espírito Santo; os vícios e os pecados; a lei antiga e a lei nova; a graça. 2. ed. São Paulo: Loyola, 2009. v. 8.

Essas obras são os volumes da *Suma Teológica*, que é dividida em três grandes partes. A edição utilizada por nós é a da Edições Loyola, em nove volumes. Cada volume corresponde a uma série de temas que estão organizados segundo o número das questões. A parte I é composta pelas questões de 1 a 119, que correspondem ao volume I e II desta edição. Na parte II, a primeira seção vai das questões 1 a 114, correspondendo aos volumes III e IV. A segunda seção da parte II vai das questões 1 a 189, correspondendo aos volumes V, VI e VII. A parte III da obra vai das questões de 01 a 90, correspondendo aos volumes VIII e IX. Essa obra completa é um corpo de doutrina que se constitui numa das bases da dogmática do catolicismo e uma das principais obras da escolástica.

BOÉCIO. **A consolação da filosofia**. Tradução de Willian Li. São Paulo: M. Fontes, 1998. (Coleção Clássicos).

Essa é a única obra escrita pelo autor. Em sua juventude, Boécio se dedicou a escrever alguns manuais sobre diversos assuntos ou traduções de obras de Aristóteles, como a *Lógica*. O livro é redigido em diálogos com a Senhora Filosofia, nos quais o autor nos leva em suas reflexões. Há um processo muito interessante na obra desde o primeiro ao último capítulo. Os temas parecem ser desenvolvidos à medida que ele compreende sua situação e vida e consegue ressignificá-las a partir das exortações da filosofia. E por mais que ele tente fixar que a felicidade não é difícil de se encontrar, chega a conclusões de que não há uma felicidade retilínea uniforme na terra, pois nossas preocupações sempre darão conta de nos colocar diante da vida e da felicidade para confrontar a própria existência.

ESCOTO ERIÚGENA, J. **División de la naturaleza (Periphyseon)**. Traducción de Francisco José Fortuny. Barcelona: Ediciones Orbis, 1984.

Tomamos como base a edição de 1984. A obra traz uma vasta exposição sobre a vida e os escritos de Erígena. Apesar de estar em Espanhol o texto é de fácil leitura, e mesmo os que não possuem domínio da língua conseguirão adentrar essa obra e compreendê-la com todo o mote filosófico que ela apresenta.

GILSON, E. **A filosofia na Idade Média**. Tradução de Eduardo Brandão. São Paulo: M. Fontes, 2001.

Essa obra é uma visão geral da filosofia medieval escrita de uma forma muito organizada para leitores exigentes e cultos, que gostam de ler textos contextualizados e com muitas informações acerca dos autores e dos temas tratados. É um livro de 950 páginas, muito extenso, mas que não poderia conter tantas informações pertinentes a todo o período da Idade Média em uma obra mais enxuta. A obra possui uma extensa bibliografia, o que demonstra o grau de pesquisa e aprofundamento do texto, que passou por várias atualizações desde sua primeira edição no ano de 1922.

PERNOUD, R. **Luz sobre a Idade Média**. Tradução de António Manuel de Almeida Gonçalves. Portugal: Publicações Europa-América, 1997.

Nessa obra, identifica-se facilmente as contribuições sociais, literárias, artísticas e medicinais dos povos medievais, ao contrário do que é difundido nos meios estudantis. Sob essa perspectiva, Pernoud desenvolve o corpo de sua obra voltando-se para as riquezas que a época nos trouxe, propiciando, assim, uma visão otimista sobre tal período.

PINTO, E. F. A ética aristotélica: o caminho para a felicidade completa. **Revista Filosofia Capital**, Brasília, v. 5, n. 11, p. 3-12, jul. 2010. Disponível em: <http://www.filosofiacapital.org/ojs-2.1.1/index.php/filosofiacapital/article/view/132/116>. Acesso em: 4 jan. 2018.

A *Revista Filosofia Capital* pertence à lista de periódicos da Capes e está qualificada como B3. Ela tem relevância dentro das pesquisas sobre filosofia num âmbito geral. Fernandes Pinto cinge-se em refletir a ética vigente na Idade Média sob a ótica filosófica de Aristóteles, principalmente com base na obra *Ética a Nicômaco*. De igual maneira, seu texto convida o leitor a perceber a importância das virtudes intelectuais e morais para se alcançar a felicidade, que, no caso, é a finalidade maior do homem.

REALE, G.; ANTISERI, D. **História da filosofia**: Patrística e Escolástica. São Paulo: Paulus, 2003. v. 2.

Não poderíamos deixar de utilizar nesta obra a coleção *História da filosofia*, de Giovanni Reale e Dario Antiseri. Como tratamos, em nossa obra, do período medieval, utilizamos somente o volume II, sobre a Patrística e a Escolástica. Com reconhecido primor, a obra de Reale e Antiseri aborda de uma forma muito clara a história da filosofia sem deixar para trás nomes importantes ou que nos cause uma lacuna em meio às leituras. Para estudantes de graduação, é uma obra muito profícua no auxílio às pesquisas e até mesmo no acompanhamento das aulas sobre todos os tópicos, desde a Antiguidade até os tempos atuais. A obra é composta por 7 volumes.

STRECK, L. L. **Hermenêutica jurídica e(m) crise**: uma exploração hermenêutica da construção do direito. Porto Alegre: Livraria do Advogado, 2000.

Nessa obra, Streck constrói um raciocínio abrangente e didático que permite ao leitor a compreensão dos principais fatores envolvendo a hermenêutica, como a linguagem e o contexto histórico, partindo sempre do viés do direito brasileiro. Nesse diapasão, é possível identificar quais aspectos hermenêuticos incorrem em maior impacto no direito brasileiro, bem como suas consequências.

respostas

Capítulo 1

Atividades de autoavaliação

1. d. Foram necessários pelo menos dois concílios (Niceia e Constantinopla) mais a participação de Agostinho para dirimir o máximo de dúvidas acerca da Santíssima Trindade.

2. V, V, F, V.
3. d
4. c
5. a

Atividades de aprendizagem

Questões para reflexão

1. Espera-se, aqui, que você compreenda que a Deus, sendo substância ou essência, não cabe nenhum acidente (possibilidade de mudanças), pois o que muda não conserva o ser em si. Essa unidade entre o Pai e o Filho deve ser entendida segundo a substância. E mesmo que possamos perceber diferenças no papel do Pai e do Filho e em suas formas de ser, não significa que haja diferença de substância, pois todas as vezes que tratamos das diferentes pessoas da Trindade o fazemos não por uma explicação substancial, mas por relação. E, segundo Agostinho, a relação não é acidental, pois não se pode modificar.

2. Você pode apontar algumas peculiaridades como: enquanto para os gregos há uma essência e três substâncias, os latinos empregam a palavra *essência* como sinônimo de *substância* e dizem que há uma essência ou substância e três pessoas. Agostinho faz uma leitura dos gregos, mas é um pensador latino e não admite dizer que Deus seja três substâncias.

3. Falsa. Apesar de parecer verdadeira e de alguns pensadores concordarem com ela, Agostinho afirma que o Filho – no caso Jesus Cristo – é a imagem de Deus (igual ao Pai), mas o homem não é a imagem de Deus, e sim à imagem. A utilização da crase nesse último caso é muito importante para mencionar que o homem foi feito à imagem de seu criador.

4. A reflexão e a construção da resposta dissertativa são pessoais e devem ser desenvolvidas com base na leitura do primeiro capítulo e de conhecimentos interdisciplinares.

5. Em primeiro lugar, você precisa voltar ao texto e perceber que Agostinho responde que Deus não pode ser autor do mal porque ele é bom, e de uma natureza boa só pode vir coisas boas. Ao mesmo tempo, seria interessante um contraste com o senso comum, em que podemos ouvir de algumas pessoas reclamações sobre as calamidades do mundo e se perguntando onde está Deus nesses momentos.

6. Primeiramente, este não é o pensamento que Agostinho compartilha em seus textos. Pela leitura do capítulo, percebemos que Agostinho bebe da fonte de Platão – que, por sinal, é grego. Se pensarmos pelo senso comum, poderemos chegar à ideia, na qual muitos acreditam, de que a filosofia afasta o homem de Deus e que, talvez, como Minúcio Felix afirma, pela fé chegamos a Deus sem nenhum tipo de ciência ou racionalização da fé. Porém, o papel de Agostinho é, justamente, unir sua inteligência racional à fé que carrega para demonstrar ser possível a complementação de ambas.

Capítulo 2

Atividades de autoavaliação

1. c. A obra *A cidade de Deus* teve seu texto revisado pelo presbítero de Catargo, Firmo, que era como um editor de Agostinho.
2. V, V, V, V.
3. a
4. a
5. b

Atividades de aprendizagem

Questões para reflexão

1. Espera-se que você argumente que Caim foi o primeiro a nascer dos dois pais do gênero humano, por isso pertencente à cidade dos homens. O Segundo, Abel, pertence a cidade de Deus. Ele vai explicitar que primeiro, nascemos de Adão, por isso carnais e pecadores; mas quando renascemos em Cristo, nos tornamos bons e espirituais. Tanto Caim quanto Abel nasceram de Adão, mas o que distinguirá ambos, e o que Agostino ressaltará como diferença entre as duas cidades, é justamente o amor que cada um confere a Deus. Por isso, os dois irmãos, representantes da inimizade entre eles, representam também a luta entre o bem e o mal.

2. Você pode descrever que Agostinho não concordou com as ideias do pelagianismo, pois acreditava que o pecado é, sim, hereditário, e baseado nas escrituras fundamenta sua posição. Em Romanos, capítulo 5, versículo 12, lemos que, "assim como o pecado entrou no mundo através de um só homem e com o pecado veio a morte, assim também a morte atingiu todos os homens, porque todos pecaram". E nos próximos versículos de Romanos encontramos a ideia da graça, em que diz: "se todos morreram devido à falta de um só, muito mais abundantemente se derramou sobre todos a graça de Deus e o dom gratuito de um só homem, Jesus Cristo" (Rm 5,15). Assim, para Agostinho, o que salva o homem é a graça, e não o seu mérito, como acreditavam os pelagianos.

3. Como resposta a essa questão, você poderá realizar vários tipos de comentários referentes à obra ou a sua importância para os cristãos. Por exemplo, que essa obra é uma forma de perceber que nós, como humanos, erramos e podemos nos voltar para Deus a qualquer instante. Por outro viés, você poderá afirmar que a obra foi escrita dez anos após

a conversão de Agostinho, e que nela o autor revela muito de si mesmo, fazendo descobertas de seu eu interior, de sua pessoa ao longo da vida e de onde retira as principais ideias que permeiam não somente a obra, mas toda a vida dele.

4. Você poderá ressaltar a paixão que Agostinho tinha pela filosofia e pela busca do saber, que mesmo antes de sua conversão lhe estimulava interiormente, e também a importância da conversão de Agostinho ao cristianismo e de suas amizades, como com Ambrósio, que reforçou ainda mais seu interesse pela filosofia, mas que nada se comparava ao que sentia por Cristo e seus ensinamentos.

5. Você poderá manifestar várias observações de acordo com suas vivências dentro da sociedade. Por um viés, você poderá lembrar, mesmo que não siga nenhuma religião, dos preceitos das igrejas que nomeiam de errantes aqueles "desviados", os que desandam dos caminhos apontados pelas Sagradas Escrituras. Poderá, ainda, fazer uma analogia com a paz que a filosofia pode proporcionar, mas que, no caso de Agostinho, sem a reta observação dos evangelhos, não encontrará sequer um caminho de paz verdadeira.

Capítulo 3

Atividades de Autoavaliação

1. d. A obra de Boécio passou a ser conhecida, sobretudo, após a sua morte, atraindo filósofos que apreciavam suas ideias e professavam a fé e a religião cristã na Idade Média.
2. V, F, F, F.
3. d
4. a
5. c

Atividades de aprendizagem

Questões para reflexão

1. Espera-se que você argumente que esses bens são transitórios e instáveis, pois dependem da sorte que nos surpreendem e restringem o encontro com a felicidade perfeita. Eles alimentam a insegurança, a angústia e o anseio de conquistar o que é externo a nós, nos distanciando da essência da felicidade, que, alimentada pela razão, nos leva ao verdadeiro bem, que é duradouro e que depende unicamente de nós.

2. Você poderá apontar que Boécio foi o último filósofo dos romanos e o primeiro dos escolásticos que influenciou o pensamento e a espiritualidades da Idade Média, sobretudo por atrair importantes filósofos que simpatizaram com suas ideias e que foram motivados a dialogar sobre temas humanos e transcendentais.

3. Você poderá refletir que, segundo Boécio, a felicidade só pode vir de dentro e quando permitimos que as mudanças externas provoquem perturbações em nosso espírito é hora de repensarmos o quanto estamos suscetíveis às coisas que estão a nossa volta.

4. Aqui você terá um leque de possibilidades para contextualizar se ele acredita numa liberdade dentro da sociedade ou se esta impede a liberdade, determinando certos comportamentos. Por fim, poderá retornar a Boécio e se pautar em sua filosofia e sua fé para refletir com o filósofo e depois tentar contextualizá-lo.

Capítulo 4

Atividades de autoavaliação

1. d
2. V, F, V, V.
3. d
4. a
5. b

Atividades de aprendizagem

Questões para reflexão

1. Na obra *De divisione naturae* encontramos o conceito de Deus criador, aquele que cria todas as coisas, mas que nada o criou. Ele é sem princípio porque é a causa principal de toda criação que vem dele mesmo, e a ele tende a voltar todas as coisas. Assim, podemos afirmar que nele se encontra o princípio e o fim de tudo.

2. Você poderá apontar que a sabedoria de Deus, é para Erígena, a fonte de verdadeira autoridade, não sendo oposta à reta razão – uma se apresenta como caminho para a outra. E Deus só é Deus porque desde sempre foi gerador dessa sabedoria, gerador do próprio *logos*, e nele estão contidos os arquétipos de todas as coisas. Essa sabedoria de Deus faz parte da quadrúplice divisão da natureza, o *logos* é a natureza que é criada e que cria.

3. Quando nos referimos ao Deus que Erígena desenvolve em sua obra e pensamento, precisamos pensá-lo como o grande construtor, um Deus incompreensível ao intelecto humano, que desenvolve, de um só golpe, a totalidade de suas consequências a fim de nelas se revelar. Assim, nesta questão, você poderá ratificar a citação do autor com o pensamento de Erígena.

4. Você poderá refletir sobre a singularidade do autor em reunir várias particularidades de crenças para elaborar de forma única a sua própria. Além disso, poderá concordar ou não com esse posicionamento de Erígena e escrever sobre suas próprias impressões.

5. Você poderá refletir sobre a forma que Erígena conduz sua filosofia, não crendo que haja uma filosofia que supere as vias positivas ou negativas, mas que não podemos compreender ou falar dos atributos de Deus devido a sua incognoscibilidade. Poderá, ainda, trazer à reflexão as influências de Pseudo-Dionísio e, com ajuda deste, fundamentar melhor sua resposta.

Capítulo 5

Atividades de autoavaliação

1. V, F, F, F.
2. d
3. d
4. b
5. d

Atividades de autoaprendizagem

Questões para reflexão

1. Espera-se que você argumente que a linguagem é a expressão do homem no mundo. Por meio dela, ele se posiciona socialmente, identifica-se com os seus e, principalmente, manifesta seu pensamento. A linguagem é considerada por alguns filósofos como parte decisiva entre o pensamento e a essência humana, sendo a origem ou a causa dos problemas filosóficos; e é por tamanha singularidade que a filosofia tem buscado compreendê-la, sobretudo no século XX, quando a linguagem tornou-se centro da reflexão filosófica.

2. Espera-se que você compreenda que a hermenêutica, entendida como a arte de interpretar e entender, é um importante instrumento que possibilita encontrar soluções para as locuções e seus significados, isto é, permite levar a compreensão de um objeto de estudo para além da superficialidade. Nesse sentido, a hermenêutica é crucial para se chegar à verdade, uma vez que busca um significado mais profundo e oferece condições fundamentais para a real compreensão.

3. Você poderá refletir sobre a dialética como método para se alcançar a verdade e como facilitadora no trato com as pessoas ou, até mesmo, com os livros e as diversas teorias ou doutrinas a que somos submetidos, especialmente numa graduação, em que há uma chuva de conceitos. Você poderá apontar, também, que, mesmo que muitos queiram, alguns apresentam mais dificuldades para comunicar sua verdade ou para receber a informação da verdade do outro.

4. Aqui, você poderá refletir sobre suas experiências em sala de aula diante das perturbações que as novas linguagens nos proporcionam. Poderá lembrar dos momentos em que, propositalmente ou até mesmo sem intenção, apenas pelo hábito, você tirou a paz de alguém que estava muito seguro em suas crenças.

Capítulo 6

Atividades de autoavaliação

1. a
2. V, V, F, F.
3. b
4. b
5. d

Atividades de autoaprendizagem

Questões para reflexão

1. Espera-se que você argumente que Aristóteles, em *Ética a Nicômaco*, defende que a felicidade é uma espécie de contemplação, contudo não expandiu tal fronteira a ponto de postular que o substrato último seria Deus. Na filosofia cristã, porém, essa concepção ganha vida. O mesmo filósofo também defendeu que o caminho da felicidade pode ser composto de alguns bens materiais e também de amizade. Aquino, por outro lado, argumenta que tais bens não se fazem necessários, mas valoriza alguns elementos, como a retidão da vontade.

2. Espera-se que você compreenda que Santo Agostinho defendia que não se pode amar o desconhecido. Já São Tomás de Aquino adere a essa ideia e ainda acrescenta que o amor requer uma apreensão do bem que se ama. Se amamos alguém de modo frenético, ainda que não possamos conhecê-lo detalhadamente, o temos como nossa posse. O amor é visual, entretanto, o mais sublime deles é aquele de ordem espiritual, contemplativo.

3. Você poderá recorrer ao argumento de que a filosofia é um instrumento do saber teológico para Tomás de Aquino, e que a fé não é mais que a razão ou sequer uma unidade, mas sim dois caminhos para se chegar ao conhecimento de Deus.

4. Nesta questão, você poderá contextualizar a doutrina de Tomás de Aquino com aquilo que é a expressão de fé do povo a partir do senso comum. No geral, algumas pessoas acreditam que podem, sim, demonstrar Deus por seus argumentos ou testemunhos, mas percebemos que a demonstração filosófica de Deus não é tão simples quanto parece.

sobre o autor

Tiago Eurico de Lacerda é professor colaborador adjunto no Departamento de Educação do Centro de Educação, Comunicaçao e Artes da Universidade Estadual de Londrina (UEL) e professor de Filosofia do Quadro Próprio do Magistério da SEED-PR no Instituto de Educação Estadual de Londrina (IEEL). É doutor e mestre em Filosofia pela Pontifícia Universidade Católica do Paraná (PUC-PR), bacharel em Filosofia pela Faculdade Vicentina (FAVI) e licenciado em Filosofia pelo

Centro Universitário Claretiano. Atuou em 2021 como professor Formador I: Orientador de TCC no curso de Especialização em Ensino de Filosofia no Programa UAB/CAPES pela Universidade Federal de Pelotas (UFPEL) e nos anos de 2019 a 2021 atuou como professor substituto no Departamento Acadêmico de Ciências Humanas e Sociais da Universidade Federal Tecnológica do Paraná (UTFPR), *campus* de Londrina. Tem experiência na área de filosofia e educação com ênfase em fundamentos da ética, história da educação, história da filosofia moderna e contemporânea, filosofia do direito, ciência política, hermenêutica, ciências da religião e filosofia da educação.

SANZIO, R. *A Escola de Atenas (Scuola di Atene).*
1509-1510. 500 cm × 770 cm; color.
Stanza della Segnatura, Palácio Apostólico:
Cidade do Vaticano.

Impressão:
Junho/2023